Viktor Schultze

Das evangelische Kirchengebäude

Ein Ratgeber für Geistliche und Freunde kirchlicher Kunst

Viktor Schultze

Das evangelische Kirchengebäude
Ein Ratgeber für Geistliche und Freunde kirchlicher Kunst

ISBN/EAN: 9783743314351

Hergestellt in Europa, USA, Kanada, Australien, Japan

Cover: Foto ©Lupo / pixelio.de

Viktor Schultze

Das evangelische Kirchengebäude

Das evangelische Kirchengebäude.

Ein Ratgeber für Geistliche
und Freunde kirchlicher Kunst

herausgegeben

in Verbindung mit Baurat Dr.
Wolthes in Leipzig u. Architekt
Prüfer in Berlin

von

Victor Schultze,
Professor der Theologie.

Leipzig.
Georg Böhme.
1886.

Vorwort.

Das vorliegende Buch soll der evangelischen Kirche dienen. Nicht als ein bautechnischer Führer, sondern als ein Ratgeber für Geistliche und Freunde kirchlicher Kunst ist es gedacht. Es soll daran erinnern, daß auch das evangelische Gotteshaus einen gegründeten Anspruch auf den Schmuck heiliger Kunst hat, und zugleich die Aufgaben und die Wege zeigen, welche hier sich bieten.

Das Streben der Verfasser war darauf gerichtet, unberechtigtem Subjektivismus keinen Raum zu geben, sondern ihre Meinungen und Vorschläge hinsichtlich des Ganzen wie der Teile des evangelischen Kirchengebäudes aus dem Geiste der evangelischen Kirche zu schöpfen. Denn das Heil der evangelischen Kirchenbaukunst ist in alle Zeit gebunden an die Fundamentierung auf das, was das innere Wesen der reformatorischen Kirche ausmacht.

Die dem praktischen Teile des Buches beigefügten, von den beiden fachmännischen Mitarbeitern herrührenden Zeichnungen verfolgen den Zweck allgemeiner Orientierung, ohne irgendwelchen Anspruch auf schlechthinige Auktorität. Eine solche Auktorität legt sich dieses Buch überhaupt nicht bei, vielmehr ist das sein Ziel: das Interesse für die evangelisch=kirchliche Kunst, soweit sie auf das Gotteshaus sich richtet, insonderheit unter den Pfarrern anzuregen und der lebendigen Bethätigung dieses Interesses helfend und fördernd zur Seite zu stehen, damit überall die rechte Bahn gefunden und die gottesdienstliche Gemeinde wahrhaft erfüllt werde von der Freude des heiligen Sängers: „Wie lieblich sind deine Wohnungen, Herr Zebaoth." Möge dieser Wunsch sich verwirklichen zu Gottes und seiner Kirche Ehre.

Greifswald, August 1885.

Victor Schultze.

Einleitung.

§ 1.

Die Anfänge der Kunst liegen auf religiösem Gebiete; das religiöse Gefühl ist ihr ursprünglicher Ausgangspunkt. Die Umsetzung des Natürlichen in das Geistige, die Verklärung des Irdischen zum Göttlichen als Aufgabe der Kunst wie der Religion stellt neben diesem geschichtlichen Verhältnisse eine innere Wesensgemeinschaft beider fest. Daher gehören die vollendetsten Leistungen der Kunst aller Völker und Zeiten der Sphäre des Religiösen an. Im Christentum als der vollkommensten und wahren Religion findet die Kunst ihre höchsten Ideale vorgebildet und zugleich die lebendigen und belebenden Kräfte zur Erreichung dieses Ziels. Der Bund, den die junge Kirche noch im ersten Jahrhundert ihres Daseins mit der Kunst geschlossen, hat in der Folge sich fester und fester geknüpft, und seine herrlichen Früchte sind sichtbar geworden, soweit die Christenheit reicht.

Aus der Tiefe des religiösen Innenlebens ist die Kunst geboren, nach dem Religiösen strebt sie in ihren höchsten Zielen und Leistungen zurück. In diesem Sinne nennt sie Dante eine „Enkelin Gottes". „Die ächte Kunst ist edel und fromm durch den Geist, in dem sie arbeitet. Denn für die, welche es begreifen, macht nichts die Seele so fromm und rein als die Mühe, etwas Vollkommenes zu schaffen. Gott ist die Vollkommenheit, und wer dieser nachstrebt, strebt dem Göttlichen nach. Die wahre Malerei ist nur ein Abbild der Vollkommenheit Gottes, ein Schatten des Pinsels, mit dem er malt, eine Melodie, ein Streben nach Einklang" (Michel Angelo). Wie das Christentum Höhepunkt und Ende aller Gottesoffenbarungen ist, so geht der Kunst erst im Christentume die volle Ahnung ihres letzten Zieles und wahren Ideals auf. „Die schöne Kunst hat ihre Zukunft in der wahrhaften Religion" (Hegel). Kaum hatte die Kirche irdische Gestalt gewonnen, so vermählt sie sich die Kunst. Je weiter sie ihren Einfluß spannt und ihre Kraft steigert, desto reicher und voller wächst in ihr die Kunst auf. Wo sie am mächtigsten war, hat sie die gewaltigsten Denkmäler hinterlassen. Dem Drange künstlerischen Schaffens hat sie die Weisung gegeben und die Thore aufgethan. Bischöfe und Mönche sind hier in edelem Wetteifer mit Wort und That zusammengetroffen. Die Geschichte der kirchlichen Kunst von den ersten Anfängen in den Grabstätten tief unten in der Erde bis hinauf zu den gotischen Domen ist ein unvergänglicher Ruhm der Kirche Christi. K. Schnaase, Über d. Verhältnis d. Kunst zum Christentum u. bes. zur evang. Kirche, Berl. 1852. L. Wiese, Über d. Verhältnis d. Kunst zur Religion, Berl. 1878. E. Chr. Luthardt, Über kirchliche Kunst, 3. Aufl. Lpz. 1878.

§ 2.

In der kirchlichen Kunst aller Zeiten stehen Architektur und Malerei voran. Ein religiöser Gedanke hat diese, das praktische Bedürfnis des christlichen Kultus jene in die Erscheinung gerufen. Die Malerei tritt geschichtlich zuerst an den Stätten der Toten hervor, die Architektur im Dienste des öffentlichen und organisierten kirchlichen Lebens. Dort ist der symbolische Gräberschmuck das erste Erzeugnis, hier das Kirchengebäude, das heilige Versammlungshaus der gottesdienstlichen Gemeinde, die Stätte der ordnungsmäßigen Darreichung von Wort und Sakrament.

Die ersten Lebensäußerungen der christlichen Kunst sind die Malereien in den unterirdischen Grabstätten, den Katakomben, deren Anfänge in das Ende des ersten Jahrhunderts zurückreichen; das schaffende Prinzip war die religiöse Pietät gegen die Toten, deren Ruheorte auch das heidnische Altertum nach uralter Sitte den Schmuck der Kunst gewährte. Jünger ist die christliche Architektur (selbständige Kirchengebäude sind vor dem 3. Jahrh. nicht nachzuweisen), aber es gelingt ihr schon im 4. Jahrh., die andern Gebiete der christlichen Kunst sich unterzuordnen und bis an den Ausgang des Mittelalters sich auf dieser Höhe zu behaupten. Die christliche Skulptur steht nach ihrem zeitlichen Ursprunge zwischen Malerei und Baukunst. Ihre Bahn hat in der Kirche stets tiefer gelegen als die Linie der beiden Schwesterkünste; denn sie entspricht an sich nicht dem Ideal christlicher Kunst, sondern, wie sie den eigentlichen Grundcharakter der antiken Kunst vorstellt, so ist sie auch der natürlichste künstlerische Ausdruck der heidnisch-religiösen Weltanschauung. — Scharf scheidet sich nach seiner Idee und darum auch in seiner Anlage der heidnische Tempel von dem christlichen Kirchengebäude. Der Tempel ist Wohnung des Gottes, Stätte des Kultbildes, in sich verschlossen, abgeschieden von allem Unheiligen, von geringem Umfange und in der Regel nur den Priestern zugänglich. Eine ständige gottesdienstliche Gemeinde war nicht vorhanden. Die Kirche dagegen stellt das geräumige Haus dar, in welchem die gesamte christliche Gemeinde in gottesdienstlicher Feier sich sammelt und die kultischen Akte vollzieht. „Hier ist die Gemeinde bei Gott und Gott bei ihr. Ihm selbst naht sie mit Gebet, und er ihr mit Wort und Sakrament. Das Christentum ist die Religion der Gemeinschaft von Gott und Mensch, und diese Idee spricht sich auch im Bau der christlichen Kirche aus." (Luthardt.) Der Tempel ist ein Außenbau, die Kirche ein Innenbau. Dort wird das Innere verhüllt und das Äußere künstlerisch reich gestaltet, hier ist die Ausstattung des Innern das Erste, die äußere Erscheinung. das Nebensächlichere.

§ 3.

Die geschichtliche Entwickelung des Kirchengebäudes zeigt sich gleicherweise durch allgemein kulturgeschichtliche wie durch religiöse und kirchliche Bedingungen bestimmt. Die Basilika und der byzantinische Zentralbau sind die naturgemäßen Erzeugnisse der noch in den griechisch-römischen Bildungsformen fortlebenden Christenheit. In dem romanischen Stile charakterisiert sich das aufstrebende, in der Gotik das vollendete Mittelalter. Die Renaissance versuchte, der kirchlichen Kunst Geist von ihrem Geiste einzuhauchen. Die Aufklärungsperiode in ihrer innern und äußern Zerrissenheit ließ sich verständnislos von Zufälligkeiten beherrschen, bis die geistige und religiöse Wiedergeburt seit Anfang dieses Jahrhunderts auch hier Wandel schaffte und den Blick der Zeitgenossen wiederum zu den erhabenen architektonischen Schöpfungen der mittelalterlichen Christenheit zurückwandte.

Die große griechisch-römische Kulturwelt ist die Stätte der Geburt und Jugend der Kirche. Von dort hat die Christenheit, nach Norm des Evangeliums, das entnommen, was die geistige Lebensbildung und Lebenspraxis der damaligen Menschheit darstellt. Ebenso notwendig mußte aber auch hier der neue Geist sich schöpferisch erweisen, und er hat sich schöpferisch erwiesen an den überkommenen Formen und ihrem Inhalte. Daher das Alte und das Neue in der altchristlichen Architektur. Die Basilika und der Zentralbau, beide haben ein Doppelantlitz, das eine rückwärts, das andere vorwärts gerichtet. — Die alte Welt verging, neue Völker, neue Zeiten zogen herauf: das Germanentum wurde zum bedeutungsvollen Faktor der abendländischen Geschichte, und rascher als anderswo vollzieht sich auf germanischem Boden die Loslösung des Kirchenbaustils von der antiken Tradition. Während die tote, erstarrte griechische Kirche ihr altes Erbe mühsam, aber beharrlich weiterschleppt, wächst im Abendlande der romanische Stil auf, in seiner Entwicklung das getreue Abbild des aus Unfreiheit und Verfall mehr und mehr sich herausarbeitenden Kirchentums. Die letzten Werke dieses Stiles liegen auf der Hochebene des Mittelalters, aber nicht auf der Höhe desselben. Die Gedanken, die in der romanischen Baukunst noch nach vollem Ausdruck ringen, gestaltet sichtbar erst die Gotik, der vollkommenste architektonische Ausdruck der religiösen Idee. Seit dem Ende des 14. Jahrh. beginnt sie langsam abzublühen, aber sie ist nicht mit dem Mittelalter untergegangen; sie hat die Renaissance und was darauf gefolgt ist, überdauert, und wenn heute, dank vorzüglich der Romantik, die mittelalterliche Baukunst wieder im Vordergrund steht, so war es zunächst die Gotik, die mit ihrem Finger dorthin zurückgewiesen hat.

Fr. Kugler, Handbuch der Kunstgeschichte 5. Aufl. Stuttgart 1872; K. Schnaase, Geschichte der bildenden Künste, 2. Aufl. Düsseldorf 1866 ff.; W. Lübke, Vorschule zum Studium der kirchl. Kunst, 6. Aufl. Lpz. 1873; R. Adamy, Architektonik Bd. II. III. Hann. 1884 f.; H. Otte, Handb. d. kirchl. Kunstarchäologie d. deutschen Mittelalters, 5. Aufl. Lpz. 1883 ff.; Dehio und Bezold, Die kirchliche Baukunst des Abendlandes, Stuttg. 1884 ff.

Erster Teil.

Geschichte des christlichen Kirchenbaues.

— —

§ 4.

Aus dem antiken griechisch-römischen Privathause, in welchem die christlichen Gemeinden anfangs ihre gottesdienstlichen Versammlungen hielten, entwickelte sich im 3. Jahrhundert, mit Anschluß an die dort gegebenen Raumdispositionen und architektonischen Formen, ein selbständiges Kirchengebäude, für welches die Bezeichnung Basilika, d. h. Halle, Prachtbau, üblich wurde. Dasselbe erscheint als Gemeingut der gesamten Christenheit und hält, ohne einzelnen Modifikationen auszuweichen, seinen einheitlichen Charakter fest.

Die Gemeinden der apostolischen und nachapostolischen Zeit hielten ihren Gottesdienst in dem zurückliegenden Raume des antiken Hauses, dem sog. Peristylium (vgl. 1. Kor. 16, 19; Röm. 16, 5; 23). Als aber im 3. Jahrhundert günstige religionspolitische Verhältnisse der Kirche, wenn auch nicht gesetzlich, so doch thatsächlich eine größere Freiheit der Bewegung gaben, konnte sie dazu übergehen, für ihren Kultus eigene Gebäude zu schaffen. Die Gewöhnung an die Räumlichkeiten, auf welche die Gemeinden bis dahin beschränkt waren, läßt von vornherein wahrscheinlich erscheinen, daß die neuen Anlagen sich an jene anschlossen. Ein Vergleich im einzelnen bestätigt es; vorzüglich tritt der Zusammenhang in der Zweiteilung beider Gebäude hervor (B. Schultze, Der Ursprung der Basilika [Christl. Kunstblatt 1882]; Dehio, Die Genesis der christlichen Basilika, München 1883). Der Zurückführung der Basilika auf die antike Markt- oder Gerichtsbasilika oder auf

die angebliche Katakombenkirche stehen in jenem Falle die geschichtliche Entwickelung und die bauliche Verschiedenheit, in diesem die Thatsache entgegen,
daß gottesdienstliche Versammlungen in den Katakomben nicht stattgefunden
haben und die unterirdischen „Kapellen" in Wirklichkeit nur Grabkammern
sind (B. Schultze, Die Katakomben, Leipzig 1882, S. 73. 83). Der Name
basilica scl. porticus, im römischen Altertume allgemeine Bezeichnung für
Säulengänge, Hallen, hervorragende Bauten, scheint erst im 4. Jahrhundert
in den kirchlichen Sprachgebrauch übergegangen zu sein, verdrängt aber
schnell die bis dahin gebrauchten Bezeichnungen für die gottesdienstliche
Stätte; nur ecclesia erhielt sich lebendiger daneben. Das Wort Basilika
erlag bald der christlichen Umdeutung in „Herrenhaus".

Die östlichen Basiliken werden vorzüglich repräsentiert durch die in
neuerer Zeit genau bekannt gewordenen Monumente in Zentralsyrien, die
westlichen durch zahlreiche Bauten in Rom und Ravenna. Die älteste aus-
führliche Beschreibung einer Basilika, der Kirche zu Tyrus, findet sich in
der Rede des Bischofs Eusebius bei Einweihung der Kirche von Tyrus im
Jahre 314 (Kirchengesch. X, 4). Vgl. Zestermann, Die antiken und die
christlichen Basiliken, Leipzig 1847; Mothes, Die Basilikenform bei den
Christen der ersten Jahrhunderte, 2. Aufl., Lpz. 1869.

§ 5.

Die Basilika hat die Gestalt einer langgestreckten, durch
zwei innere Säulenreihen in drei Schiffe zerschnittenen Halle,
deren eine Schmalseite in einen halbkreisförmigen (später auch
polygonalen) Chor sich vertieft, während die gegenüberliegende sich
an einen unbedeckten quadratischen Raum (Atrium) anlehnt, der
im Innern von einem Säulengange umzogen ist und als Vor-
hof dient. Das in der Regel breitere Mittelschiff steigt fast
in der Höhe der Seitenschiffe über diese auf; durch schmale
Öffnungen in den Wänden wird dem Innern Licht zugeführt;
die Außenseiten sind schmucklos und durch Gliederungen nur
wenig belebt (Fig. 1).

Eine Weiterbildung dieser ursprünglichen Form liegt in der
Einsetzung des Querhauses und des dadurch hervorgerufenen
Triumphbogens. Zuweilen erhalten die Seitenschiffe einen
eigenen Chorabschluß und das Langhaus erweitert sich zu fünf
Schiffen.

Die Dreiteilung der Basilika tritt deutlich erkennbar hervor: 1) die
Vorhalle, genau dem Atrium des antiken Hauses entsprechend; sie diente

als Aufenthalt für die Büßenden und als Taufort. Mit der Beseitigung der öffentlichen Buße und der Übertragung der Taufe in gesonderte, abge= schlossene Taufhäuser verschwindet das Atrium; an seine Stelle tritt ein schmaler Säulengang (Narthex). — 2) Das Langhaus. Drei Eingänge, entsprechend der Zahl der Schiffe, führen aus der Vorhalle in dasselbe. Der höhere Mittelbau ruht auf Säulen, die anfangs durch horizontale Balken= lagerungen (Architrave), dann durch Bögen (Arkaden) verbunden waren und den Stil der damaligen griechisch = römischen Baukunst zeigen. In ihre Reihe oder auch ganz an ihre Stelle treten später Pfeiler. Nur selten trug die untere Säulenreihe eine obere (Empore). Ob das Gebälk des Dach= stuhls offen lag (vgl. Fig. 2), läßt sich nicht mit Bestimmtheit entscheiden, ist aber wahrscheinlich. Das Querschiff (Transept), das bald mehr, bald

Fig. 1. Basilika S. Apollinare fuori le mura in Ravenna (geweiht 549).

minder scharf hervortritt, scheint in künstlerischen Motiven seinen Grund zu haben; vielleicht hat auch das Streben mitgewirkt, für den Altar größeren Raum zu schaffen und die Scheidung zwischen Klerus und Gemeinde deut= licher hervortreten zu lassen. Um die durch das Querschiff zerschnittenen Langseiten wieder zusammenzuschließen, wurde der Triumphbogen (arcus triumphalis) eingesetzt, zugleich östliches Eingangsthor zu dem Querhause und dem Chor. Durch beides gewann die Basilika bedeutend an ästhetischer Wirkung. Die Basilika ist in der Regel dreischiffig; die Erweiterung zu fünf Schiffen (S. Paolo, St. Peter in Rom) ist häufiger als die Herab= setzung auf ein Schiff. — 3) Der Chor (Apsis; Concha d. h. Muschel), der Kopf und hervorragendste Teil des Ganzen, ein schon der antiken Baukunst bekanntes und von ihr gern gebrauchtes Architekturstück. Der Chor fehlt der Basilika nur in ganz wenigen Fällen; er gehört ursprünglich zu ihr und war wohl von Anfang an erhöht. Ein Halbkugelgewölbe bildete die Bedeckung.

Beliebt, aber nicht ausnahmslos, war die Orientierung des Kirchengebäudes von Osten nach Westen (Altar). Schon frühzeitig erstanden mannigfache An- und Nebenbauten der Basilika, die kultischen oder allgemein kirchlichen Zwecken dienten (Baptisterien, Archive, Bibliotheken, Hospitäler u. s. w.).

§ 6.

Bereits im 4. Jahrhundert erweitert sich das Gebiet der altchristlichen Architektur, indem zu der Basilika der Zentral- oder Kuppelbau angeeignet wird. Die Eigenarten dieser neuen Bildung, schon durch die Namen angedeutet, sind: ein kreisrunder oder polygonaler Grundriß und die darüber erhobene Kuppel. Auch hier schloß die kirchliche Baukunst an ein bereits vorhandenes System an, bildete dasselbe aber weiter aus und paßte es durch Einsetzung eines gradlinigen Grundrisses dem christlichen Kultus zweckmäßig an. Wie dieser neue Stil im Morgenlande seine Ausbildung erhielt, so gewann er hier auch festen Boden, während der Occident bei seiner Vorliebe für die Basilika verharrte.

Die antiken Rundbauten sind vorwiegend Grabdenkmäler, Thermen und Tempel. Die Kuppel lagert auf einem kräftigen Mauercylinder oder schwebt frei auf einer Säulenreihe. In der Kirche wurde für die Taufhäuser (Baptisterien) jene Form (Beispiele in Ravenna), für das gottesdienstliche Versammlungshaus diese bevorzugt; doch stellte sich in diesem Falle sofort die Notwendigkeit einer Vervollkommnung ein. Der kreisförmige Grundriß eignete sich nicht für den christlichen Kultus; die Raumdisposition insbesondere bot Schwierigkeiten. Auch der durch Einführung des Achtecks erzielte Gewinn bedeutete wenig. Die Byzantiner haben nach mancherlei Versuchen endlich die Aufgabe gelöst, die Kuppel über einen quadratischen Grundriß aufsteigen zu lassen. Am großartigsten stellt sich dieser Erfolg dar in der unter Justinian I. durch die beiden Architekten Anthemius von Tralles und Isidor von Milet erbauten Sophienkirche in Konstantinopel (532—537). Später ließ man mit Vorliebe von dem Kuppelgeviert vier gleichlange Kreuzesarme (griechisches Kreuz) ausgehen, deren Halbkugeln sich an die mittlere Kuppel anlehnten. Unter den abendländischen Zentralbauten ragt die jedenfalls unter byzantinischem Einflusse erbaute Kirche S. Vitale in Ravenna hervor, das wahrscheinliche Vorbild des Münsters zu Aachen.

Für die Anlage von Emporen bot der neue Stil noch geringere Schwierigkeiten als die Basilika und entsprach auch hierin, wie in seiner Fähigkeit zu
glänzender Prachtentfaltung und architektonischer Wirkung, den eigenartigen
Bedürfnissen der morgenländischen Kirche.

R. Rahn, Über den Ursprung und die Entwickelung des christlichen
Zentral- und Kuppelbaues, Leipzig 1866; R. Adamy a. a. O. S. 85 ff.

§ 7.

Für das Innere des nur mäßig beleuchteten altchristlichen
Kirchengebäudes scheint im allgemeinen eine lebhafte Dekoration
üblich gewesen zu sein, die am kräftigsten in den Mosaiken und
weiterhin in der Marmortäfelung und in buntem Teppichschmuck
sich äußerte. (Fig. 2.)

Die schmalen Fensteröffnungen waren entweder unverschlossen oder mit
durchbrochenem Marmor, auch wohl mit Feldspat, gesperrt. Der Lichtzugang
war in jedem Falle nur ein geringer. Um so dienlicher war unter diesen
Verhältnissen das Mosaik, das mit Dauerhaftigkeit ein intensives Kolorit
verband. In der Regel beschränkte sich die Anwendung desselben auf die
Wölbung des Chors; doch trugen zuweilen auch die Seitenwände des
Langhauses diesen Schmuck, wenn es nicht vorgezogen wurde, dieselben mit
Teppichen zu verhängen. Durch kostbare Marmormuster war z. B. die
Sophienkirche in Konstantinopel ausgezeichnet: sie bedeckten nicht nur den
Boden, sondern bekleideten auch die Seitenwände bis zu einer gewissen
Höhe. — Das Zusammenwirken dieser blühenden Dekoration mit dem ge-
dämpften Tageslichte muß von bedeutender Wirkung gewesen sein.

§ 8.

Ihren Höhepunkt erreicht die kirchliche Baukunst im Mittelalter. Während der Orient träge das alte Erbe festhält und
von Generation zu Generation weiterschleppt, erwächst im Abendlande aus dem gegebenen Boden der romanische Stil. Seine
Anfänge fallen in das 10. Jahrhundert (frühromanischer Stil),
seine Vollendung in das 12. Jahrhundert. Er ist durch alle
Länder des christlichen Occidents gegangen, hat aber nur auf
deutschem Boden die volle Freiheit reifer und abschließender Entwickelung gefunden.

Die alte Welt ging seit dem 6. Jahrhundert hier rascher, dort lang-
samer in Trümmer. An ihre Stelle tritt eine neue Zeit mit neuen Kräften

fig. 2. Inneres von S. Clemente in Rom.

und neuen Zielen, das Mittelalter, die erste klassische Periode der christlichen Völker. Auch die kirchliche Baukunst des Abendlandes zerbrach die antiken Formen, in denen sie bis dahin gelebt hatte, und drängte mächtig vorwärts, schon in der Karolingerzeit, noch mehr unter den sächsischen Kaisern. Aus diefem Drang und Streben wurde der romanifche Stil geboren, der diefen Namen führt, weil in ihm alte und neue Elemente ineinandergehen. Aber im Laufe feiner Entwicelung vom zehnten bis zum dreizehnten Jahrhundert drängt er die antifen Erbftüce mehr und mehr zurüc, ohne fie freilich ganz auszufcheiden. Die flaffifche Stätte des romanifchen Stils in Teutfchland ift die Rheinebene (Mainz, Speyer, Worms, Köln). Die romanifche Kirchen= baufunft des 13. Jahrhunderts wird unrichtig als Übergangsftil be= zeichnet, denn fie fchlägt nicht die Brüce zur Gotif, fondern ift eine vollere Nachblüte des reinen Stils mit zum Teil neuen Elementen (Spitbogen).

§ 9.

In der Grundanlage und im Aufbau lehnt fich das romanifche Kirchengebäude an die Bafilifa an. Überfchritten wird die Vorlage, von unbedeutenden Einzelheiten abgefehen, im Grundriß durch den zwifchen Apfis und Querfchiff gelagerten quadratifchen Raum (Presbyterium), im Aufbau durch die unter dem ftarf erhöhten Chor fonftruierte Krypte, befonders aber durch die Einwölbung der Seitenfchiffe und bald auch des Hauptfchiffes (Kreuzgewölbe). Auch wird jett eine organifche Verbindung des Turmes mit dem Gefamtgebäude hergeftellt.

Das Grundrißfchema einer romanifchen Kirche (Fig. 3) ift: drei Schiffe, deren feitliche zu dem mittlern in der Breite fich verhalten wie ½ : 1; ein Querfchiff, an das fich öftlich ein Quadrat mit halbfreis= förmiger Apfis anlehnt. — Zuweilen haben die Seiten= fchiffe eigene Apfiden oder fetzen fich in den Chor hinein fort. Der Urfprung der Krypta ift dunfel; wahrfcheinlich verdanft fie dem Märtyrerfultus ihre Entftehung. Sie hat die Form einer fleinen Kirche und diente in auszeichnenden Fällen als Begräbnis= ftätte. Die älteften romanifchen Kirchen waren, wie die Bafilifa, flach gedecft; die Wölbung wurde zuerft in den Seitenfchiffen durchgeführt und zwar in der Form des Tonnengewölbes. Bald aber übertrug man diefe Konftruftion auch auf das Hauptfchiff, und zugleich bildete fich das funftlofe Tonnengewölbe zu dem praftifchern und äfthetifch wirfungsvollern Kreuz= gewölbe aus. Frühzeitig ift auch fchon der Chor ge= wölbt worden. Äußerlich tritt der Unterfchied zwifchen

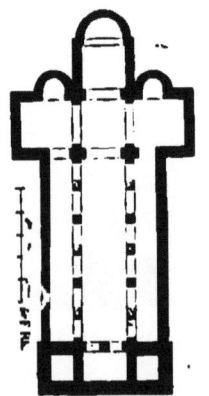

Fig. 3. Kirche zu Hecflingen.

Bafilifa und romanifchem Kirchengebäude am fchärfften hervor in dem Turme, der erft in der letzten Periode der Bafilifa felbftändig neben diefe fich ftellt.

Hier aber erscheint der Turm als ein organisches Glied des Ganzen. Seine ursprüngliche Gestalt ist rund, später viereckig. Kräftig erhebt er sich als ein Schutzwerk am Westende der Kirche. In den Zeiten des ausgebildetern romanischen Stils werden auch andere Teile des Gebäudes mit Türmen oder Turmaufsätzen versehen (die Vierung, die Querschiffe, der Chor), oder dem Westende sind zwei Türme vorgelagert (Fig. 4). — Was endlich die Orientierung

Fig. 4. Dom zu Worms.

der romanischen Kirchen anbetrifft, so gilt, wie überhaupt in der kirchlichen Baukunst des Mittelalters, als ziemlich feste Regel, den Altar, also die Chorseite, östlich zu wenden, so daß das Gebäude die Richtung von Westen nach Osten hat.

§ 10.

Mit der Basilika teilt der romanische kirchliche Baustil die
Vorliebe für Belebung des innern Raumes. Als Mittel
dazu dienen die Wandmalerei, welche auf den großen Mauer=
flächen, und die Plastik, die an den Pfeilern und Säulen sich auszu=
wirken Gelegenheit fand. Dagegen beschränkte sich das Äußere auf
einfache Ausbildung der gegebenen Teile (Rundbogenfries, Lisene),
bis sich im 13. Jahrhundert auch hier eine größere Fülle von be=
lebenden Details einstellt. Die in Rundbogen geschlossenen Fenster
und die tief abgeschrägten Thüren waren von verhältnismäßig ge=
ringem Umfange und trugen so dazu bei, den ernsten, einfachen,
in sich verschlossenen Charakter des romanischen Kirchengebäudes
zu verstärken.

In den ältesten romanischen Kirchen scheinen ausschließlich Säulen als
Träger benutzt worden zu sein; später wurden diese durch Pfeiler verdrängt
oder Pfeiler und Säulen teilten sich in die Aufgabe. Die Kapitäle halten
sich anfangs noch an antike Muster und werden erst allmählig selbständiger,
um sich schließlich ganz von dem Vorbilde zu emanzipieren (Würfel= und
Glockenkapitäle). Auch den Pfeiler suchte die plastische Kunst auf mannig=
fache Art zu beleben. Weit unmittelbarer und kräftiger wirkte die Wand=
malerei, die in der romanischen Periode zu ihrer eigentlichen Blüte gelangte.
Sie bedeckte nicht nur die Wandflächen, sondern erstreckte sich auch auf die
Gewölbe; besonders wurde der Chor bevorzugt, wie in altchristlicher Zeit.
Daneben pflegte in hervorragenderen Bauten das Innere durch architektonische
Mittel (Emporen, Galerien) mannigfaltiger gestaltet zu werden (Fig. 5). In
Beziehung auf die Gestaltung des Äußern ist der romanische Stil zwar über
die Basilika hinausgegangen, doch bleibt auch hier Einfachheit der Grundzug
des Stils in seiner klassischen Ausbildung (vgl. Fig. 4). Die glatten, durch
kleine, schmucklose Fenster durchbrochenen Außenwände gewinnen durch den
aus aneinandergereihten Halbkreisen bestehenden Rundbogenfries, sowie durch
senkrecht aufsteigende Mauerstreifen (Lisenen) eine maßvolle Belebung.
Doch wird diese Einfachheit ausgeglichen durch die mächtig aufstrebenden
Türme, die den Bau gleichsam vom Boden emporheben und der überwiegen=
den Horizontalrichtung glücklich entgegenwirkten. „Wir finden uns in der
Mitte großartiger, wohlgeordneter Verhältnisse, einer einfachen, aber strengen
Gesetzlichkeit, eines tief begründeten und doch leicht verständlichen Zusammen=
hangs. In diesen regelmäßigen, viereckigen oder kreisrunden Formen spricht
sich ein schlichter Sinn mit voller Klarheit und unerschütterlicher Bestimmt=
heit in kräftiger Ruhe aus; wir werden von dem Geiste kirchlichen Ernstes

ergriffen und glauben den Rythmus feierlicher Hymnen zu hören" (Schnaaſe).
Z. vgl. Otte, Geſchichte der deutſchen Baukunſt. 1. Bd. Geſchichte der
romaniſchen Baukunſt, Leipzig 1861.

Fig. 5. Innere Anſicht des Domes zu Limburg. (Übergangsſtil.)

§ 11.

Das ſchon in der letzten Periode des romaniſchen Stils
hervortretende Streben, die geſchloſſenen Maſſen aufzulöſen und
die Höhenrichtung vorherrſchend zu machen, vollendete ſich in
der Gotik. Sie iſt der Stil des Idealismus, ein lebendiges
Wachstum nach oben. Gegen Ende des 12. Jahrhunderts er-
ſteht ſie in Nordfrankreich und breitet ſich ſchnell in den chriſt-
lichen Ländern des Occidents aus. Ihre klaſſiſche Vollendung
erreichte ſie im 14. Jahrhundert in Deutſchland.

Als Heimat der Gotik ist Nordfrankreich, genauer Jsle de France, nach=
gewiesen. Seit dem Anfange des 13. Jahrhunderts bürgerte sich der Stil
ziemlich schnell in Teutschland ein; seine Meisterwerke liegen in der Rhein=
ebene (Köln, Straßburg, Freiburg), aber auch Sachsen (Magdeburg, Halber=
stadt, Meißen), Thüringen und Westfalen bieten hervorragende Bauten. Im
15. Jahrhundert löst sich die Geschlossenheit und Einheit der Gotik auf, und
mancherlei fremde Elemente drängen sich ein. Die romanischen Länder (aber
auch England) haben die kühn aufstrebende Richtung des gotischen Stils
temperiert und vielfach heterogene Formen hinzugethan. Die Bezeichnung
„Gotisch" ist von italienischen Baumeistern erfunden worden, um diesen Stil
als „barbarisch" zu bezeichnen. Die Namen „germanischer Stil" und „Spitz=
bogenstil" haben sich nicht einbürgern können.

§ 12.

Das neue Prinzip der Gotik verwirklicht sich mit Hilfe des
Spitzbogens, den schon der romanische Stil in seiner letzten
Periode sich angeeignet hatte. An Stelle des romanischen rippen=
losen Kreuzgewölbes tritt das Rippengewölbe, welches dadurch,
daß es mit seiner ganzen Last auf den durch Strebepfeilern
verstärkten Trägern ruht, die Möglichkeit gab, die Mauern durch
mächtige Fenster zu durchbrechen und architektonisch zu beleben.
Oblong gestellte Bündelpfeiler tragen das luftige Gewölbe,
welches das Bild rascher Bewegung gewährt und den Bau
höher erscheinen läßt.

In dem Grundriß der gotischen Kirche ist die scharf ausgeprägte Kreuz=
form des romanischen Stils stark abgestumpft und Chor und Langhaus sind
dadurch in engere Verbindung gebracht. Die Krypta wurde beseitigt, und
infolge davon senkte sich der jetzt polygonale Chor bis auf wenige Stufen
hinab. Aber die eigentliche reformatorische Bedeutung der Gotik liegt in
dem Aufbau, der das Streben nach vertikaler Richtung vollkommen zum
Ausdruck bringt. Das Organ ist der Spitzbogen, die Verbindung zweier
Kreissegmente, die in beliebiger Neigung zu einander gestellt werden konnten.
Indem er in das Gewölbe eingesetzt wird, wird die ganze Last desselben
auf den Gewölbeträgern gesammelt. Um ihrer Aufgabe zu genügen, werden
diese durch starke Mauerpfeiler (Strebepfeiler), die sich von außen an=
lehnen, verstärkt, und zwar in hervorragender Weise die äußern Träger der
Seitenschiffe, deren Strebepfeiler mit den Strebepfeilern des Hauptschiffes
durch den Strebebogen verbunden sind. Die dicken, schweren Mauern
konnten jetzt durch dünne Wände ersetzt und diese weiterhin, nach Maßgabe
des Prinzips des gotischen Stils, behandelt werden. Die Fläche wurde
reduziert durch die großen Fenster, deren weite Öffnung Pfosten und Maß=

werk zerkleinern. Was noch übrig blieb, pflegte im Innern durch Blenden, in der Regel durch eine Spitzbogengalerie, lebendig gestaltet zu werden (Fig. 6). Dazu kam noch die farbige Hervorhebung einzelner Architekturformen, insbesondere des Gewölbes, und die magische Licht= und Farbenwirkung der

Fig. 6. Innere Ansicht des Kölner Domes.

gemalten Glasfenster. Was Wolfram von Eschenbach bei Beschreibung des Tempels von Monsalvatsch fordert:

Man soll an lichter Weite
Christen Glauben künden und Christus=Ammet

— das erfüllt sich hier. Der Eindruck des Innern steigert sich noch mehr in den jog. Hallenkirchen, in denen die Seitenschiffe gleiche Höhe mit dem Mittelschiffe haben. In demselben Maße aber verliert in diesem Falle das Äußere. Daher hat die Hallenkirche keine weite Verbreitung gefunden.

§ 13.

Noch mehr als im Innern kommt der aufstrebende Zug des gotischen Kirchengebäudes zur Erscheinung in der Aus=bildung des Äußern. Die Strebepfeiler mit ihren Krönungen, die Wimperge, die kletternden Krabben, vor allem aber der mächtig aufsteigende Turm mit seinem durchbrochenen Helme und der mystischen Kreuzblume, die ihre Blätter dem Jenseits entgegen öffnet, — alle Teile wirken zusammen, den Bau in lebendiger Bewegung zu den ewigen Höhen aufsteigen zu lassen. So ist die Gotik der klarste und edelste architektonische Ausdruck des religiösen Gedankens.

Die Gotik verfügt über eine ganze Reihe von Formen, welche ihren Grundgedanken energisch und auf mannigfache Weise ausprägen. Die Strebe pfeiler erhielten einen zierlichen Abschluß durch eine Spitzsäule (Fiale), die auch als Einfassung der spitzen Giebel (Wimperge) benutzt wurde, mit welchen die Fenster gekrönt zu werden pflegten. Ein besonders beliebtes, auf viele Teile des Baues ausgestreutes Detail war die einem Kohlblatte vergleichbare Krabbe (Frauenschuh). Auch anderes Laubwerk findet sich verwandt, dazu Figuren und Reliefs, vorzüglich am Portal. Aber die vollendetste und eindrucksvollste Zierde der gotischen Kirche ist der Turm. An der Westseite erhob er sich auf kräftigem viereckigen Unterbau, um in achteckiger Spitze zu enden, welcher der durchbrochene Helm den Abschluß gab. „Als letzte Sprößlinge trieb dann die innere Lebenskraft auch hier noch auf den schrägen Rippen die knospenartigen Blätter und auf der Spitze eine gewaltige Kreuzblume hervor." Meistens stehen an der Westseite zwei Türme; seltener sind Türme auf der Vierung oder sonst am Querschiff und Chor. Den vollendetsten Turmbau hat vielleicht das Münster zu Freiburg (Fig. 7). Die großen Radfenster (Rose) über dem Westportale sind in gotischer Zeit in Deutschland eine Ausnahme. — Das gotische Kirchengebäude in seiner klassischen Ausbildung ist die idealste und vollendetste Schöpfung der kirch=lichen Architektur und zugleich der vollkommenste Ausdruck der mittelalter=lichen Religiosität, der Abglanz einer Frömmigkeit, die von der Form zum Glauben emporgestiegen ist. Das beste, was die Christenheit in sich trug, die göttlichen Gedanken, die Gott in sie hineingepflanzt, haben sie zum Schöpfer dieses Baues gemacht: freudige Erhebung und demutsvoller Opfersinn haben ihn aufgerichtet. „Daher hat der gotische Bau bei aller Pracht den Charakter des Bescheidenen und Demütigen im christlichen Sinne des Wortes, während die griechische Form der naive und milde Ausdruck eines edeln, aber vollgenügenden Selbstgefühls ist." (Schnaase.)

Fig. 7. Münster zu Freiburg i. B.

§ 14.

Der gotische Stil dauert, wenn auch mit manchen Spuren des Verfalls, noch im 16. Jahrhundert fort und weiß sich auch in der Folgezeit, trotz mancher Verluste, zu erhalten. Die Renaissance, welche auf dem Gebiete der bildenden Künste einen so vollständigen Umschwung hervorbrachte, hat ihm im Umkreise des Kirchenbaus nur geringen Abbruch gethan und zwar mehr in den romanischen als in den germanischen Ländern. Dasselbe gilt von dem Ausläufer der Renaissance, dem Barock= stil. Das ausgehende 18. Jahrhundert erwies sich, entsprechend seiner geistigen Zerfahrenheit, eklektisch. Seit dem Anfange des 19. Jahrhunderts fangen die klassischen Denkmäler des Mittelalters

Fig. 8. Frauenkirche in Dresden.

wieder an, in Deutschland Einfluß zu gewinnen, und haben, trotz einzelner Versuche nach anderer Richtung hin, nicht nur diesen Einfluß bis zur Gegenwart heran behauptet, sondern in einer Weise gesteigert, daß die neueste Kirchenbaukunst fast aus= nahmslos sich nach ihnen bestimmt.

2*

In Deutschland begannen erst seit dem Ende des 16. Jahrhunderts Renaissanceformen in den gotischen Kirchenbaustil einzubringen, doch kamen sie mehr am Äußern zur Verwendung als im Innern, wo z. B. das gotische Gewölbe noch beibehalten wurde. Nur in einzelnen Fällen hat ein vollständiger Bruch mit der Vergangenheit stattgefunden (z. vgl. Lübke, Geschichte der deutschen Renaissance, Stuttg. 1872). Auch in Frankreich leistete die Gotik bis an das Ende des 16. Jahrhunderts der eindringenden Renaissance Widerstand, erlag ihr aber dann. Unabhängiger hielt sich der Kirchenbaustil in England. Dagegen erschloß sich derselbe in Italien voll und ganz der neuen Strömung, die dort ihren Ursprung und ihre stärkste Gewalt hatte. Charakteristisch ist den Renaissance= und Roccocokirchen die Kuppel (Fig. 8: die Frauenkirche in Dresden aus dem 18. Jahrhundert). — Nachdem bereits am Ende des vorigen Jahrhunderts Goethe („Von deutscher Baukunst“) auf die Gotik zurückgewiesen hatte, brach insbesondere die Romantik den mittelalterlichen Stilen wiederum Bahn. Die unter Friedrich Wilhelm IV. angestellten Versuche, an die altchristliche Baukunst wiederanzuknüpfen, hatten keinen Erfolg. Die Architekten und die Gemeinden ignorierten diese und andere Experimente und zeigten unverhohlen ihre Vorliebe für die mittelalterlichen Stile. Die größten Kirchenbaumeister der Gegenwart vertreten diese Richtung. Von ihr allein kann der kirchlichen Architektur das Heil kommen.

Zweiter Teil.

Theorie des evangelischen Kirchengebäudes.

I.

Die Voraussetzungen.

§ 15.

Die evangelische Kirche weiß sich in keinem Gegensatze zu wahrer, edeler Kunst. Sie erkennt in ihr eine Gottesgabe, deren letzte und höchste Bestimmung die Verherrlichung Gottes im Dienste der Kirche ist.

Die Bilderstürmerei der Schwarmgeister hat den Protestantismus in den Verdacht des „Kunsthasses" gebracht. Aber weder im Wesen noch in der Geschichte des Protestantismus liegt eine Rechtfertigung dieser Vorstellung. Allerdings hat die reformierte Kirche den Dienst der Kunst im Kultus abgewiesen oder auf ein ganz geringes beschränkt, indes war dies nicht Resultat einer kunstfeindlichen Gesinnung, sondern einer bewußten Gegensätzlichkeit gegen den Mißbrauch der Kunst in der römischen Kirche. Andererseits ist der lutherische Protestantismus ein um so fruchtbarerer Boden für kirchliche Kunst gewesen. Bekannt ist das Urteil Luthers über die schönen Künste: „auch daß ich nicht der Meinung bin, daß durchs Evangelium sollten alle Künste zu Boden geschlagen werden und vergehen, wie etliche Abergeistliche vorgeben, sondern ich wollt alle Künste, sonderlich die Musika, gern sehen im Dienste deß, der sie gegeben und geschaffen hat." Ja, dem Katholizismus gegenüber bezeichnet auch auf diesem Gebiete der evangelische Protestantismus insofern einen Fortschritt, als durch diesen die Grenzen zwischen Kunst und Religion wieder scharf gezogen sind. „Im Katholizismus und Heidentum sind Kunst und Religion vermischt, und in diesem phantastischen Lichte treten die Gestalten der Mythologie und des Aberglaubens auf. Erst im Protestantismus findet die Kunst ihre rechte Grenze" (Martensen).

§ 16.

Die kirchliche Kunst findet an und in dem gottesdienst-
lichen Versammlungshause ihre hauptsächlichste und wichtigste
Aufgabe. Das Kirchengebäude, als die Stätte öffentlicher
Gottesverehrung und heiliger Handlungen, hat den gegründetsten
Anspruch auf den Dienst der Kunst.

Die kirchliche Kunst hat wie ihre Heimat so auch ihre Aufgabe in der
Kirche. Ihrem geschichtlichen Ursprunge entspricht das innere Recht ihrer
Existenz und ihres Aktivseins. Sie ist sich nicht Selbstzweck, sondern ihr
Ziel und Wesen ist, der Kirche zu dienen, wie die redenden Künste in ihrer
Weise. Das Gotteshaus bietet ihr die reichste und angemessenste Gelegenheit
praktischer Bethätigung. Denn es ist der sichtbare Sammelpunkt der Gemeinde und das sichtbare Monument, mit welchem die Kirche in die Welt
hineinragt. Daher mag und soll es der Kunst nicht entbehren. Es ist un-
evangelische Befangenheit und gesetzliche Ängstlichkeit, das Kirchengebäude auf
der Stufe eines schmucklosen Betsaals zu halten. Freilich ist dem Evangelischen die Kirche nicht, wie dem Katholiken, das Haus des in der Hostie
gegenwärtig gedachten Gottes und der durch die Reliquien wirkenden Heiligen,
aber doch die geweihte Stätte, wo die göttlichen Gedanken hernieder- und
der Menschen Gedanken emporsteigen.

§ 17.

Das evangelische Kirchengebäude muß, abgesehen von den
in seiner Eigenschaft als Versammlungshaus gegebenen Bedingungen, den praktisch-liturgischen Bedürfnissen entsprechen, welche sich aus dem Wesen des christlichen Kultus im
allgemeinen und des evangelischen im besonderen ergeben.

Aus dem öffentlichen Charakter und dem Gemeinschaftsprinzip des
evangelischen Gottesdienstes folgt, daß die heiligen Handlungen desselben
vor den Augen der Versammelten sich vollziehen. Damit ist eine solche
bauliche Disposition gefordert, welche Altar, Kanzel, Lesepult der überwiegen-
den Mehrzahl der Versammelten sichtbar macht. Das vollkommenste wäre,
das gesamte Gestühl in diese unmittelbare Beziehung zu den liturgischen
Ortern zu setzen, doch könnte das nur mit Verkümmerung anderer in Rücksicht zu nehmender Momente geschehen. Daher wird man sich hier mit dem
möglichsten begnügen müssen. Bedeutsamer ist, daß das im Altarraume
oder von der Kanzel gesprochene Wort der Gemeinde genügend hörbar wird.

Die evangelische Kirche rühmt sich, eine Kirche des Wortes zu sein. Das Wort steht im Mittelpunkte des evangelischen Gottesdienstes. „Wo nicht Gottes Wort gepredigt wird, ist's besser, daß man weder singe noch lese noch zusammenkomme. Alles Gottesdienstes das größte und fürnehmste Stück ist, Gottes Wort predigen und lehren" (Luther). Das Wort tritt der Gemeinde entgegen einerseits in der liturgischen Lektion, in der Predigt, der Absolution und dem Segen, andererseits in und mit dem Sakrament des heiligen Abendmahls; „denn auch das Sakrament selbst durch Gottes Wort gemacht und gebenedeiet und geheiliget wird" (Luther). Die volle kräftige Wirkung des gelesenen oder gesprochenen Wortes darf sich die evangelische Kirche in keiner Weise verkümmern lassen: das Kirchengebäude muß akustisch sein. „Der Architekt hat sich daher zu allererst die Majestät des aus der Schrift vorgelesenen Wortes Gottes, hernach aber auch das unbedingte gottesdienstliche Recht der kirchlichen Vermahnung aus Gottes Wort und der persönlich freien Auslegung durch den Prediger vorzuhalten und seine Gedanken diesem Ansehen des göttlichen Wortes schlechthin unterzuordnen. Er hat für die vollkommenste Hörbarkeit des göttlichen Wortes mit seinem ganzen künstlerischen Vermögen einzustehen" (Lechler).

In Wort und Sakrament kommt die innere Gemeinschaft der Gläubigen mit Christo zum Ausdruck, in Bekenntnis, Gebet und Kirchenlied naht die Gemeinde opfernd Gott. Dort Gabe (sacramentum), hier Hingabe (sacrificium). Während Bekenntnis und Gebet im Namen der Versammlung von dem Liturgen gesprochen werden, tritt im Kirchenliede die Teilnahme der Gemeinde am Opfer unmittelbar und vernehmlich hervor. Die Reformation hat dem evangelischen Gottesdienste das Gesangbuch gegeben. Sein ungehinderter Gebrauch fordert eine hinreichende Helligkeit des Kirchengebäudes, so daß Gedrucktes, auch klein Gedrucktes ohne Schwierigkeit gelesen werden kann. Doch gibt es hier eine Grenze. So wenig sich ein mystisches Halbdunkel mit dem Wesen des evangelischen Gottesdienstes verträgt, so wenig auch die profane Helligkeit einer Werkstätte oder einer Schule. Der stimmungsvollen religiösen Weihe muß das leicht abgedämpfte Licht entsprechen.

§ 18.

Die praktisch = liturgischen Bedingungen finden ihre Ergänzung und ihre Schranke zugleich in dem kirchlichen Charakter des Gotteshauses. Die Heiligkeit des Dienstes, welcher dort seine Stätte hat, kann nur in der heiligen Architektur, welche die Kirche seit Alters besitzt, würdig zur Erscheinung kommen. Jede Umbiegung nach der Profanbaukunst hin, aus welchen Gründen auch sie erfolge, ist verwerflich.

Wo es eine entwickelte Baukunst gibt, zeigt sie den Unterschied religiöser und weltlicher Architektur. Auch die Kirche hat ihr eigenes, von ihren Händen geschaffenes und von ihrem Geiste erfülltes Kunstgebiet; es ist der Ausdruck ihres inneren Lebens, daher ihre angemessenste Erscheinungsform. In besonderer Weise gilt das von der Architektur. Die Kirche würde sich selbst und ihre große baugeschichtliche Vergangenheit verleugnen, wenn sie diese Tradition unterbrechen und sich auf die nackte Zweckmäßigkeit zurückziehen wollte. Es ist nicht Zufall, daß gerade da, wo das kirchliche Bewußtsein abgeschwächt oder gar nicht mehr vorhanden ist — z. B. in englischen und amerikanischen Sektenkreisen — dieser Abfall gewagt wird. Auch der Rationalismus, der Todfeind aller wahren kirchlichen Kunst, ist darauf ausgewesen, das Kirchengebäude unkirchlich zu machen. Um die im vorigen Paragraphen entwickelten Forderungen zu erfüllen, würde schon ein einfacher Hallenbau in der Weise unserer Theater und Konzertsäle genügen. Das Kirchengebäude aber, auch das evangelische, soll kirchlich sein; es soll sofort erkannt werden als das, was es ist. Es läßt sich hier und da in der Gegenwart die Neigung beobachten, entweder das Kirchengebäude so abzuglätten und zu vereinfachen, daß es höchstens an dem Turme oder dem Dachreiter erkennbar ist, oder es mit Stücken und Ornamenten auszustatten, welche der profanen Architektur angehören. Das ist eine Verirrung, die, solange es noch Zeit ist, mit Entschiedenheit bekämpft werden muß. Die Kirche darf sich ihr Gotteshaus, das sie selbst gebaut und in dem ihr Kultus seit Jahrhunderten heimisch geworden ist, nicht aus der Hand nehmen lassen.

§ 19.

In dem kirchlichen Charakter des evangelischen Kirchengebäudes liegt mitgegeben ein religiös-symbolisches Element. Die Architektur soll die Gedanken des christlichen Kultus, mögen diese als Realitäten oder als Symbole auftreten, nach bestem Vermögen mit ihrer Bildersprache begleiten. Doch ist diese Symbolik in bestimmte Grenzen gewiesen, deren Linien aus der Tradition zu erfragen sind.

Die Religion ist das erste, die Kultusstätte das zweite. Jene schafft diese und gibt ihr Gestalt nach ihrem eigenen Wesen. Zwischen beiden besteht ein äußeres geschichtliches und ein inneres Verhältnis. Der Wechsel der Stile hebt diesen Satz nicht auf, sondern bekräftigt ihn vielmehr. Natürlicherweise muß daher das christliche Gotteshaus ein Abbild des christlichen Gottesdienstes, des Christentums sein. Die Mittel, dieses Ziel zu verwirklichen, bietet die architektonische Symbolik, die in dem Bau als ganzes wie in einzelnen Bauformen hervortreten soll. Der christliche Kultus ist Sakra ment und Opfer. Jenes als Gabe Gottes ist das Hauptstück, und in diesem wiederum ragen hervor das heilige Abendmahl und das Schriftwort. Demnach geziemt es sich, für diese eine Stätte zu haben, die, abgesondert und erhöht, die göttlichen Gnadengaben gleichsam trägt und darhält. Davor sammelt sich die Gemeinde, die Gnaden zu empfangen und das wohlgefällige Opfer darzubringen. Sie wendet das Antlitz nach Osten, wo die himmlische Sonne aufgegangen ist (ex oriente lux!). So ergibt sich die Teilung des Raumes in Schiff und Chor, jenes im Westen, dieser im Osten. „Der Chor ist das Abbild der Welt der Verklärung, welcher die im Schiff versammelte und geborgene Gemeinde entgegenpilgert. Sie hat die Welt verlassen und ist durch die Taufe eingetreten in das Heiligtum, ihr Blick ist gen Osten gerichtet und ihr Weg geht durch die Zeit zur Ewigkeit" (Luthardt). Der Altar ist der räumliche und religiöse Mittelpunkt des Chors, der vornehmste Ort im Gotteshause. Daher ist es unziemlich, über den Altar die Kanzel zu erhöhen; doch gehört diese, weil die Predigt ein Teil des sakramentalen Gottesdienstes ist, ideell dem Altarraume an, und nur aus praktischen Gründen läßt sich rechtfertigen, daß sie in den Gemeinderaum hineingeschoben ist. In jedem Falle soll sie in möglichster Nähe des Chors sich befinden. Ist es durchzuführen, so fehle auch das Querschiff nicht, welches dem Grundriß die Kreuzesform gibt. Das Wort Augustins: „Das Fundament im Bau des weisen Baumeisters ist Christus", erfüllt sich dann auch hier. — Die Taufe ist der Weg zur Kirche; daher hat das Taufbecken seinen richtigen Platz nicht im Chor oder auch nur im Innern der Kirche, sondern entweder in der Nähe des Einganges oder in abgeschlossener Kapelle. — Die religiöse Andacht, welche im Kultus empfängt und gibt, die freie Erhebung der Seele zu Gott versinnbildet sich in dem inneren und dem äußeren Aufbau der Kirche; diese soll in ihrer Sprache, in der Sprache der Architektur, das sursum corda reden. Die hohen Gewölbe, die luftigen Räume, der Turm soll diese Sprache reden, bis hinauf zur mystischen Kreuzblume, die ihre Blätter in unendlicher Sehnsucht dem Himmel entgegen öffnet. Alles, was einen niederstimmenden, beengenden, düstern Eindruck macht, muß vermieden werden. — Um die Architektursymbolik zu vervollständigen und zu steigern, sind Plastik und Malerei heranzuziehen. Was die Architektur nur in großen Zügen malt, detaillieren diese. Doch hüte man sich vor Überreichtum.

§ 20.

Wie die evangelische Kirche nicht eine neue, sondern eine erneuerte ist und daher nach Maßgabe des Wortes Gottes den Zusammenhang mit der kirchengeschichtlichen Vergangenheit für sich festhält, so soll auch das evangelische Kirchengebäude, so weit als thunlich, die Tradition fortführen. Zur Schöpfung eines neuen Stils liegt für den evangelischen Protestantismus keinerlei Veranlassung vor. Daher sind alle derartige Versuche von dem Kirchengebäude fernzuhalten.

Die evangelische Kirche ist Reformation, nicht Revolution. Sie bedeutet nicht Vernichtung, sondern Erneuerung der mittelalterlichen Kirche. Klarer als im reformierten tritt dies im lutherischen Protestantismus hervor: die lutherische Kirche hält in Lehre und Brauch die kirchliche Tradition fest, soweit diese nicht in Widerspruch zu der Schrift steht. Dieser konservative Charakter hat sein Recht auch auf dem Gebiete des Kirchenbaues, und dieses Recht darf nicht verkümmert werden. Im Protestantismus liegt nichts, was notwendigerweise oder auch nur begreiflicherweise über die gegebenen Stile hinausführte. Darum haben auch die reformatorischen Gemeinden kein Bedenken getragen, die vorhandenen Gotteshäuser der mittelalterlichen Kirche weiter zu gebrauchen. Demnach ist auf den traditionellen Charakter des evangelischen Kirchengebäudes zu halten. Ob die kirchliche Architektur je zur Bildung eines neuen vollendeteren Stils, welcher der adäquate Ausdruck des Protestantismus sei, gelangen wird, muß dahingestellt bleiben. Die Gegenwart weissagt nichts davon, und wir haben keine Ursache, darauf zu dringen. In keinem Falle aber darf das evangelische Gotteshaus der Willkür eines experimentierenden Architekten preisgegeben werden. — Die Tradition erstreckt ihre Ansprüche selbstverständlich nicht nur auf den Stil, sie hat auch ihr Recht in den Einzelheiten der Raumdisposition und der inneren Ausstattung.

§ 21.

Die entwickelten Bedingungen tragen, soweit sie über das Praktische hinausgehen, die Forderung einer künstlerischen Ausgestaltung des Kirchengebäudes in sich. Die Zweckbestimmung des Hauses als des heiligen Versammlungsortes der gottesdienstlichen Gemeinde zielt ebendahin. Die kirchliche Kunst findet hier ihre höchste Aufgabe. Doch soll das Künstlerische keusch und maßvoll sein und nicht ohne einen entschieden monumentalen Grundzug.

Soll das evangelische Gotteshaus den Zusammenhang der Tradition wahren, einen kirchlichen Charakter tragen und der religiösen Symbolik dienen, so ist es damit klar und bestimmt auf die Hilfe der Kunst gewiesen, und der Kunst wiederum wird durch dieses Ziel vorgezeichnet, wo und wie sie mit ihrer Wirksamkeit einzusetzen hat. Indes schon jenseits jener Gesichtspunkte findet die Mitarbeit der Kunst an diesem Werke ihre Rechtfertigung, nämlich in dem Charakter des kirchlichen Gebäudes. Die Stätte der feierlichen öffentlichen Kundgebung des religiösen und kirchlichen Lebens ist der eigentlichste Ort der kirchlichen Kunst; das Haus heiligen Zwiegesprächs zwischen der Kirche und ihrem Meister, zwischen der Seele und ihrem Gotte, mit würdevollem Schmuck zieren und dadurch die Andacht fördernd begleiten und den Schöpfer preisen, das ist ihr höchstes und edelstes Ziel und der letzte Grund ihres Daseins. Doch muß sie sich stets bewußt bleiben, daß sie nur Dienerin oder Gefährtin der Religion ist, nicht die Religion selbst. Demnach darf sie immer nur mithelfend zu dem Religiösen hinzutreten. Sie darf sich nicht aufdrängen. Eine überladene und raffinierte Kunst ist des evangelischen Gottesdienstes unwürdig. In einfacher Schöne wie das Wort Gottes in heiliger Schrift soll die kirchliche Kunst in der Gemeinde sich darstellen. Im Innern und Äußern soll der Bau eine monumentale Solidität zeigen, daß man in ihm erkennt nicht ein Eintagewerk, sondern ein monumentum aere perennius. Dann ist er, was er sein soll, „ein Lobpreis Gottes und eine Verkündigung an die Gemeinde."

§ 22.

Was von dem Kirchengebäude als solchem vorausgesetzt werden muß, erleidet Anwendung auch auf die innere Ausstattung desselben und vor allem auf das heilige Inventar. Weder darf hier der praktisch-liturgische noch der kirchliche und künstlerische Gesichtspunkt außer Acht bleiben. Die Durchführung dieser Normen im einzelnen gestaltet sich nach Maßgabe des Stils und des Charakters der Kirche.

Es kommen hier hauptsächlich in Betracht die plastische und malerische Dekoration, der Altar, das Gestühl, die vasa sacra. Es ist selbstverständlich, daß in Beziehung auf diese von den dargelegten Bedingungen nicht abgesehen werden kann; die Konsequenz ergibt sich von selbst. Was von dem Ganzen gilt, muß auch von dem Einzelnen gelten, und zwar in der Grenze des gewählten Stils. Eine Abweichung ist nur in wirklich begründeten Fällen gerechtfertigt, z. B. wenn Stücke aus einem älteren, zum Abbruch gekommenen Bau in die an Stelle desselben in anderem Stile errichtete Kirche übertragen werden. Doch beschränke man sich hier immer nur auf das wirklich wertvolle, wie Abendmahlsgefäße, Skulpturen, Malereien. — Ferner ist darauf zu achten, daß die innere Ausstattung nicht mit der Einfachheit der Architektur kontrastirt oder umgekehrt; letzteres läßt sich noch eher ertragen als ersteres. Ein prunkvolles Innere, in welchem die einfache Schönheit der Kunst nicht zur Wirkung kommt, macht einen unheiligen und unkirchlichen Eindruck.

II.

Der Stil.

§ 23.

Die altchriftliche Bafilika eignet fich nicht zum evange=
lifchen Kirchengebäude, weil in ihr das religiös = fymbolifche
Moment gar nicht, der kirchliche Charakter und die künftlerifche
Seite nur unvollkommen zu ihrem Rechte gelangen.

Die Bafilika befitzt gewiffe Vorzüge, durch die fie fich vor einigen Dezennien
für den evangelifchen Kirchenbau erfolgreich empfohlen hat: fie gewährt
einen großen Raum, der fich bequem mit Sitzplätzen füllen läßt und auch
die Anlage von Emporen ohne Schwierigkeit geftattet. Ihre akuftifchen
Verhältniffe find günftig, die Koften des Baues verhältnismäßig niedrig.
Trotzdem ift die Bafilika für den vorliegenden Zweck unbrauchbar. Es fehlt
ihr der fpezififche chriftliche Charakter, eben weil fie der antiken Profan=
architektur entftammt. Indem ferner die Vertikale vor der Horizontale fo
durchaus zurücktritt, erhält das Gebäude, das für den Turm keinen Platz
hat, etwas Schweres; es macht den Eindruck eines am Boden leblos hinge=
ftreckten Körpers. Mit feiner vorherrfchenden Richtung in die Länge und
der niederen Decke hält es die Gedanken gleichfam niederwärts, verletzt alfo
die religiöfe Symbolik (§ 19). Die großen Wandflächen endlich im Innern
und Äußern erfchweren in hohem Grade die künftlerifche Ausftattung und
find insbefondere für die kirchliche Kunft, wie fie im Norden fich ausgebildet
hat, ein wenig geeignetes Feld. Mit Recht ift daher die allgemeine Strömung
in der Baukunft der Gegenwart der Bafilika entgegen.

§ 24.

Aus denfelben Gründen ift auszufcheiden der Kuppel=
oder Zentralbau, der überdies nur in bedeutenden Dimen=
fionen wirkungsvoll wird und neuerdings fich mehr und mehr
in den Dienft der Profanarchitektur begibt.

Der gefchichtliche Urfprung des Kuppelbaues (§ 6) erklärt feinen Charakter.
„Wir erkennen in diefen Formen, wie in der ganzen Geftaltung, nur eine
unorganifche, abfichtliche, mühfelige Verfchmelzung chriftlicher Rückfichten mit
antiken Gedanken und orientalifchen Gefühlen" (Schnaafe). Die gefchloffene
Kuppel hat etwas niederdrückendes; fie hält die Gedanken gleichfam nieder,
verletzt alfo die religiöfe Symbolik. Es ift nicht zufällig, daß diefe Anord=
nung vorwiegend in der griechifchen Kirche und in den romanifchen katholifchen
Ländern zur Herrfchaft gelangt ift. Die zentrale Schematifierung endlich

bedingt notwendigerweise eine Verschiebung der liturgischen Örter und damit auch der Sitzplätze. Die Möglichkeit, durch geschickte Umgestaltung und Weiterbildung diese Disposition für das evangelische Kirchengebäude bis zu einem gewissen Grade geeignet zu machen, ist nicht ausgeschlossen (s. unten), doch dürfte der Gewinn nur ein ganz geringer sein.

§ 25.

Die Renaissance kann für die evangelische Kirchenbau=kunst in keiner Weise maßgebend werden, da ihr Ursprung in einem außerchristlichen Kreise liegt und derselbe in ihrer that=sächlichen Erscheinung bestimmt zum Ausdruck kommt.

Noch stärker als in der Basilika und im Kuppelbau tritt in den Re=naissancekirchen das antik heidnische Element hervor, und dasselbe wird hier noch mehr empfunden, weil dieser Entwickelung eine eminent kirchliche Architektur vorhergegangen ist. Außerhalb Italiens haben die Kirchenbau=versuche der Renaissance nur geringen Anklang gefunden. Die wenigen Kirchenbauten im Renaissancestil, die in neuerer Zeit in Deutschland gewagt sind, haben nur dazu dienen können, die Antipathie dagegen an das Tages=licht zu bringen und zu steigern.

§ 26.

Die Summe der Bedingungen, welche sich aus dem Wesen des evangelischen Kirchengebäudes als unerläßlich ergeben, er=füllen in der Reihe der geschichtlich gegebenen Stile allein der romanische und der gotische Stil. Darin liegt das Anrecht derselben auf Berücksichtigung in der evangelischen Kirchen=baukunst.

Beide Stile sind in hervorragendem Sinne kirchliche Stile, herausgewachsen aus dem Geiste der Kirche und getragen von ihrer Symbolik. Eine ernste Heiligkeit hebt sie empor aus dem Umkreise der weltlichen Architektur. Zu=gleich treten sie dem Auge entgegen als vollendete Schöpfungen edeler Kunst, die herausquillt aus der Tiefe lebendiger Frömmigkeit. Unserem Volke sind sie seit Jahrhunderten vertraut in den herrlichen Bauwerken, welche vom Rhein bis zur Ostsee deutsche Kunst und deutsche Frömmigkeit preisen. Sie schlagen die Brücke von der Vergangenheit zur Gegenwart. Daher die Vorliebe und das Verständnis unserer Gemeinden für diese Stile. — Die Bedenken, welche vom Standpunkte der Zweckmäßigkeit, insbesondere der Akustik dagegen geltend gemacht werden, sind zum Teil völlig unbegründet, zum Teil haben sie nur in Fällen mangelhafter Ausführung recht. Der allgemeine Zug der Gegenwart, in den mittelalterlichen Stilen die Vorbilder des evangelischen Gotteshauses zu suchen, ruht auf einem richtigen Gefühle und ist in jeder Weise zu fördern und zu vertiefen.

§ 27.

Die Freiheit der Wahl zwischen romanischem und gotischem Stil darf nicht aufgehoben werden. Die Entscheidung ist in jedem einzelnen Falle von den thatsächlichen Verhältnissen aus zu treffen.

Der gotische Stil erfreut sich gegenwärtig der größten Beliebtheit. In der That ist er der vollkommenste Ausdruck des religiösen Gedankens. Es wäre indes zu bedauern, wenn diese Bevorzugung zur Ausschließlichkeit würde. Unter bestimmten Verhältnissen und in bestimmter Umgebung ist der ernste, einfache romanische Stil richtiger am Platze als der gotische. Auch dürfte es wünschenswert sein, da, wo der eine Stil bereits vertreten ist, auch den anderen zur Anwendung zu bringen, wenn irgend die lokale bauliche Physiognomie es gestattet.

V. S.

Dritter Teil.

Die technische Ausführung.*)

Einleitung.

§ 28.

Vor Beginn des Baus, ja schon behufs der Herstellung eines Entwurfs ist ein Bauprogramm bis ins Einzelne genau zu entwerfen. Dasselbe kann nur dann genügend ausfallen, wenn dabei, außer Vertretern der Kirche, auch ein Bauverständiger mitwirkt, um die technische und finanzielle Möglichkeit der Erfüllung der im Programm zu stellenden Forderungen zu sichern, letztere durch einen Kostenvoranschlag. In Rücksicht auf diesen muß zugleich ein, nicht im Programm darzulegender Plan über die beschafften oder etwa nicht vorhandenen Teile der nötigen Geldmittel aufgestellt werden.

---

*) Vgl. M. Meurer, Der Kirchenbau vom Standpunkte und nach dem Brauch der lutherischen Kirche, Leipzig 1877. K. E. Jähn (Baumeister), Das evangelische Kirchengebäude I. Bd. Leipzig 1882 (sehr empfehlenswert). Besondere Beachtung verdient das in Stuttgart erscheinende „Christliche Kunstblatt“, das in keinem Pfarrhause fehlen sollte; ebenso das „Archiv für kirchliche Kunst“, herausgegeben von Architekt Prüfer in Berlin. Manches Nützliche auch in der von römisch-katholischem Standpunkte geschriebenen Schrift von Jakob, Die Kunst im Dienste der Kirche. 3. Aufl. Würzburg 1880. Die spezielle Litteratur am gehörigen Orte. D. Red.

Selbstverständlich ist, daß bei einem kirchlichen Unternehmen, wie ein Kirchenbau ist, die zuständigen Organe der Kirche in geziemender Weise mitzuwirken das Recht haben. Vorzüglich ist es ihre Aufgabe, die oben entwickelten, aus dem Begriff des evangelischen Gotteshauses resultierenden Forderungen zur Geltung zu bringen. Dagegen werden sie nicht ebenso leicht beurteilen können, ob diese Forderungen überhaupt in technischer und künstlerischer Hinsicht erfüllbar sind und wieviel Geldmittel erheischt werden. Behufs Beantwortung dieser Fragen ist künstlerischer Beirat nötig, der wiederum erst dann erteilt werden kann, wenn die Vertreter der Kirche das Bedürfnis klar definieren; dazu genügt nicht etwa bloß die Angabe der Anzahl der Sitzplätze und Fenster; sondern, wie aus § 29 zu ersehen, ist noch manche andere Ermittelung durchaus nötig. Der Sachverständige wird daraus schließen können, wie viel innerer Raum erforderlich ist und wieviel Platz die Nebenräume, Mauern, Pfeiler ꝛc. wegnehmen. Ganz im allgemeinen, d. h. wenn die lokalen Anforderungen das gewöhnliche Durchschnittsmaß nicht überschreiten, können folgende Erfahrungssätze gelten:

Die Baukosten belaufen sich per ☐m bebaute Fläche bei:

Dorfkirchen, Kapellen

mit ca. 180—250 Plätzen, einfach, ohne Turm, auf 180—220 M.

„ „ 200—270 „ „ mit Dachreiter, „ 220—240 „

„ „ 250—300 „ „ mit Turm „ 240—300 „

Städtische Kirchen

mit ca. 300—400 Plätzen, einfach, mit Turm, auf 280—320 M.

„ „ 300—400 „ etwas stattlicher „ 300—370 „

„ „ 500—700 „ „ „ „ 350—390 „

„ „ 700—900 „ „ „ „ 370—400 „

Wenn die Kirche überwölbt werden soll, sind bei kleineren noch etwa 25, bei größeren 30—40 M mehr zu rechnen, ebenso bei reicherer Ausführung. Etwaige Kaufkosten für den Bauplatz sind gesondert in Anschlag zu bringen. — Ein wirklicher Kostenanschlag kann nur nach vollständig festgestellten Plänen angefertigt werden. Ein solcher darf dann nicht überschritten werden. Wenn dies dennoch ziemlich häufig geschieht, so ist entweder Mangel an allseitiger Überlegung bei Feststellung des Entwurfs oder Unsolidität die Ursache. Beides läßt sich recht gut vermeiden.

Die so ermittelte nötige Bausumme ist thatsächlich nur in seltenen Fällen bereits zur Hand. Dann ist es Aufgabe der Gemeinde, bzw. des Patronats, den richtigen Weg zur Flüssigmachung der Gelder zu erwägen. Im allgemeinen ist Ansammlung eines Fonds vor dem Bau billiger, als Anleihe und Tilgung nach dem Bau. Gewarnt sei vor zu weitgehender Sparsamkeit. „Schlecht und billig" ist meist das teuerste.

§ 29.

Da das Kirchengebäude für eine bestimmte Gemeinde er=
richtet wird, so ist mit umsichtiger Beachtung aller grade bei
dieser in Betracht kommenden Momente der Raumbedarf vor
Aufstellung auch eines oberflächlichen Anschlags zu berechnen,
und zwar nicht etwa nur nach dem gegenwärtigen Stande der
Gemeinde, sondern unter Hinblick auf vorauszusehende Ver=
größerung derselben.

Für die Berechnung des Raumes glaubt man leider sehr oft genügende
Unterlage in der Angabe der Zahl der Sitzplätze zu haben. Das genügt
aber durchaus nicht. Es muß dazu kommen Anzahl der Stehplätze, der
Kinderplätze, der Plätze für Sänger, Musikanten, Kommunikanten, Zahl,
Größe und Beschaffenheit der Nebenräume, Anbauten 2c.. Ein allgemein
giltiges Schema kann es nicht geben, weil lokale Sitten und Gewohnheiten,
der Grad des kirchlichen Sinns, also auch der Prozentsatz des Kirchenbesuchs hier
mitsprechen. Daher differieren auch die angestellten Berechnungen sehr. Nimmt
man $\frac{2}{3}$ der Seelenzahl der Gemeinde als konfirmiert an und zieht dann
diejenigen ab, welche durch häusliche Geschäfte oder Krankheit vom Kirchen=
besuch abgehalten werden (manche nehmen hierfür $\frac{2}{5}$, andere $\frac{1}{3}$ an), so
kommen je nach den verschiedenen Berechnungsarten und nach den Erfahrungen
in verschiedenen Ländern Teutschlands auf 1000 Seelen hier 400 Erwachsene
und 50 Kinder, dort 240 Erwachsene und 36 Kinder, da wieder 360 Er=
wachsene und 45 Kinder. Bei einer bestimmten Gemeinde wird der Geist=
liche durch seine praktischen Erfahrungen zu viel zuverlässigerem Ergebnis
kommen, als durch solche Berechnung möglich ist.

Etwas sicherer ist die Berechnung des Einheitsmaßes, mit welcher die
Kirchgängerzahl zu multiplizieren ist. Die Bankentfernung von Rücklehne
zu Rücklehne soll im Minimum 0,85, kann aber bis 0,90 m betragen; die
Länge eines Sitzplatzes im Minimum 0,56 m, also Flächeninhalt eines Sitzes
im Minimum 0,47 $\square$m. Der Flächeninhalt eines Stehplatzes für Er=
wachsene, sowie eines Kindersitzes 0,30 $\square$m, also bei 1000 Seelen etwa
$400 \times 0,47 + 50 \times 0,30 = 168 + 15 = 183$ $\square$m im Minimum.

Für Gänge u. dergl. muß man bei gänzlichem Fehlen von Pfeilern,
Säulen 2c. reichlich $\frac{1}{3}$, bei Vorhandensein solcher Unterstützungen aber die
Hälfte dieser Zahl mehr rechnen, also hier 91, ergiebt 274 $\square$m. Tauf=
platz, Altarraum, Orgelraum, Treppenräume u. dergl. sind besonders zu berechnen
(auf 1000 Seelen etwa 48—60 $\square$m), ebenso etwaige reservierte Plätze für Be=
hörden und Patrone vielleicht mit 15 $\square$m, demnach für den eigentlichen
Kirchenraum 337—350 $\square$m, ferner für Nebenräume noch 50—60 $\square$m,
also in Summa circa 400 $\square$m. Dazu kommt noch für Mauern, Pfeiler,

Altar, Kanzel ꝛc. etwa ein Viertel dieses Raumes, manchmal noch etwas mehr. Die so gewonnene Anzahl von Quadratmetern (für 1000 Seelen durchschnittlich 500 ☐m), die aber, wie erwähnt, nach lokalen Verhältnissen doch zwischen 400 und 520 differieren kann, wird zugleich annähernd die Hauptdimensionen (Länge und Breite) des Gebäudes und somit den Maßstab für die aufzuwendenden Geldmittel ergeben.

§ 30.

Die Wahl des Materials muß ebenfalls schon in dem Bauprogramm, wenigstens in der Hauptsache, entschieden werden. Sie wird, namentlich da, wo die Mittel beschränkt sind, naturgemäß häufig von lokalen Bedingungen abhängen, obgleich diese gegenwärtig bei weitem nicht mehr in so gebieterischer Weise auftreten, wie bei den schwierigen Verkehrsmitteln älterer Zeit.

Das geeignetste Material für den Kirchenbau bildet unbestreitbar der Haustein, indes auch nur dann, wenn er nicht zu hygroskopisch und überhaupt wetterbeständig ist. Selbst in Gegenden, wo für Profangebäude ausschließlich Haustein gebraucht wird, soll man diesen nicht ohne weitere Prüfung wählen, denn das Kirchengebäude ist für längere Zeit bestimmt als ein Wohnhaus, und seine Erhaltung bietet größere Schwierigkeit. Mit noch größerer Vorsicht ist bei dem Bruchstein zu verfahren. Finden sich unter den Eigenschaften des in der Gegend vorhandenen natürlichen Bausteins das Wasserdurchlassen, Nässen, Kälten, so mag man bei nicht zu starkem Maß derselben die Innenseite der Mauer mit Ziegeln verblenden, bei stärkerem Maß aber die Außenseite mit Abputz versehen. Doch ist dies thunlichst zu vermeiden. Putzbau ist zwar nicht an sich, sondern nur bei mißbräuchlicher Nachahmung des Rohbaus zu verwerfen; dem Putzbau ist indes, wenn nicht besonders gutes Mörtelmaterial zu Gebote steht, stets der Rohbau vorzuziehen, selbst Bruchsteinrohbau (Cyklopenbau), namentlich aber Ziegelrohbau, vorausgesetzt, daß das Steinmaterial von guter Qualität ist. Mergelhaltiger Ziegelthon ist sehr gefährlich; schwach gebrannte Steine dürfen nicht in der Front verwendet werden. In neuerer Zeit hat sich die Fabrikation besonders der sogenannten Verblender sehr vervollkommnet, wird aber andererseits leider auch vielfach so schwindelhaft betrieben, daß man bei der Wahl der Bezugsquelle nicht vorsichtig genug sein kann. Im Falle gemischter Ausführung kommt ungemein viel auf die eigentlich künstlerische Begabung, besonders auf den Farbensinn des Entwerfenden an, also auf die Wahl des ausführenden Architekten. Ist diese eine glückliche, so überlasse man ihm die Entscheidung auch hinsichtlich der Materialien zu der Decke und dem Dache. Bei der Dachbedeckung darf nur zuverlässiges Material in Frage

kommen, wozu z. B. Dachpappe, Holzcement, Zink und dergleichen nicht ge=
hören. In der kirchlichen Kunst muß alles Unsolide und jeder täuschende
Schein vermieden werden. Am geeignetsten für den bezeichneten Zweck ist
das allerdings in der ersten Anschaffung kostspielige, durch die große Dauer
aber billigst werdende, Kupferblech, dann zunächst deutscher Schiefer, gut
glasierter Backstein, weiter englischer Schiefer, endlich gewöhnliche Ziegel.
Neuerdings sind Dachplatten von galvanisch verzinktem und emailliertem
Eisenblech vielfach empfohlen; sie scheinen sich zu bewähren. Bei der Wahl
endlich des Materials für Fußböden, Thüren, Fenster u. s. w. nehme man
Rücksicht auf die leicht eintretende Fäulnis oder auf die etwa im Orte vor=
handene Neigung zur Schwammbildung. Hier muß der Rat Sachverständiger
nicht nur gehört, sondern auch sorgfältigst befolgt werden.

§ 31.

Eine besondere Sorgfalt erfordert die Auswahl und Her=
richtung des Platzes. Allerdings in vielen Fällen wird diese
Frage durch Umstände, die außerhalb der Macht der Kirchen=
behörde liegen, entschieden, sei es, daß der Platz von der poli=
tischen Gemeinde oder von anderer Seite her geschenkt, sei es,
daß der Standort einer alten Kirche zu benutzen ist. Größere
Freiheit bleibt dagegen fast immer in der Ausstattung des ge=
gebenen Platzes behalten.

Bei der Fixierung des für die Kirche bestimmten Platzes wirken prak=
tische und ideale Momente zusammen. Das Gebäude darf nicht unmittelbar
im Geräusche des Straßenlebens liegen, weil dadurch der Zweck, dem es
dient, beeinträchtigt wird, auch wird dadurch die Feuersgefahr gesteigert und
der notwendige Zugang des Lichtes eingeschränkt. Die Kirche soll als ein
heiliges Gebäude emporragen über die Höhe der Profanhäuser, wie das
Göttliche mehr wert ist als die ganze Welt. Sie soll sich als das hervor=
ragendste und wichtigste Bauwerk auch äußerlich durch den Eindruck ihrer
Erscheinung dokumentieren. Weil sie ein heiliger Raum ist, geziemt sich
ferner, daß die zu ihr Herantretenden mit andächtiger Stimmung kommen;
passend liegt daher die Kirche auf einem freien Platze, so daß das Auge sie
von weitem sieht und der Geist sich sammeln kann. Unsere Vorfahren haben
immer das Bestreben gehabt, die Kirche in eine offene Umgebung zu bringen;
wo es nicht geschah, lag die Schuld an unüberwindlichen lokalen Schwierig=
keiten. Solche machen sich auch heute noch vielfach in den Städten geltend.
In jedem Falle versuche man mit allen Mitteln, wo ein schlechter Platz
angeboten wird, einen besseren zu erhalten. Ganz verwerflich ist die Ein=
setzung der Kirche in die Häuserreihe. Freiere Hand hat man meistens auf

dem Lande. Die alte gute Sitte, die Kirche in der Mitte des Friedhofs anzulegen, soll streng festgehalten werden. Die gesundheitsschädliche Wirkung der Friedhöfe in freier Lage ist größtenteils Fiktion, andererseits liegt im Zu=sammensein der betenden und der entschlafenen Gemeinde ein tiefer, ernster Gedanke. Einer Einfassung mit Sträuchern, Bäumen und Rasen sollte keine Kirche entbehren; nur darf die Anlage nicht an moderne Promenadenbeete erinnern. Einfriedigung wenigstens durch eine niedere Mauer oder ein Eisen=gitter empfiehlt sich dringend in größeren Städten. Fraglich dagegen dürfte sein, ob an den Wänden des Gebäudes Schlingpflanzen hinaufzuführen sind. Unter Umständen gewinnt die Kirche dadurch allerdings an äußerer Wirkung, auch schützt das Blattwerk die Mauern vor Schlagregen; aber bei den den=noch in die Mauer eindringenden Teilchen wird dadurch andererseits die Verdunstung aufgehalten, besonders im Winter, und das Mauerwerk feucht gemacht. Aus diesem Grunde ist Epheu der Mauer schädlich, ganz abge=sehen davon, daß er mit seinen oft kräftigen und tief einbohrenden Wurzeln das Gefüge zu sprengen vermag. Wilder Wein hingegen, besonders die=jenige Gattung, welche mit pfötchenähnlichen Saugwurzeln ausgestattet ist (Ampelopsis quinquefolia hederacea), schadet der nicht geputzten Mauer gar nicht, schützt sie andererseits vor Schlagregen und gewährt einen schönen Schmuck. Zu nahe stehende Bäume geben zwar auch wenigstens stellenweise solchen Schutz, schaden aber mehr durch das Peitschen der Äste an Sims, Dach und Mauern.

Grundanlage und Aufbau.

§ 32.

Die durch das Herkommen bestimmte Orientierung des Kirchengebäudes in der Weise, daß in der Achse desselben der Altar seine Stelle am Ostende erhält, soll ohne Not nicht auf=gegeben werden. Geringe Abweichungen thun indes dem sym=bolischen Gedanken keinen Abbruch. Der Zugang des Lichtes darf durch die Umgebung nicht gehindert werden.

Von Osten ist uns das Heil gekommen, nach Osten gewendet pflegten schon in alter Zeit die abendländischen Christen zu beten. Daraus entwickelte sich schon um 420 n. Chr. die Sitte, den Altar am Ostende aufzurichten. Diese tiefsinnige Symbolik, welche das alte Wort: ex oriente lux so schön zum Ausdruck bringt, hat ein Recht auf Berücksichtigung auch in der evangelischen Kirche. Nur unüberwindbare Hindernisse können die Ignorierung derselben entschuldigen. Abweichung bis zu Südost, im Notfalle auch bis zu Nordost, ist zulässig. Stellung des Altars im Westen, wo die Sonne versinkt, kommt

eigentlich nur bei Jesuitenkirchen vor und ist ebenso unstatthaft als die Auf=
richtung in Süd oder in Nord. — Es ist ferner wohl darauf zu achten, daß
der Kirche nicht durch hohe Gebäude im Osten oder Südosten das Morgen=
licht entzogen werde (vergl. oben § 5).

§ 33.

Hat man sich zu Anlehnung an den romanischen Stil
entschieden und handelt es sich zuerst darum, eine Raumbispo=
sition zu treffen, so liegt es scheinbar am nächsten, auf die
erhaltenen Bauten zurückzugreifen. Indes ergibt eine genauere
Prüfung, daß an jene zwar in den meisten Fällen angeknüpft,
aber keines dieser Vorbilder ohne weiteres direkt nachgeahmt
werden kann; die Art des evangelischen Kultus macht eine Reihe
von Modifikationen notwendig. Ja, einige Dispositionen sind völlig
auszuschließen, wie die sogenannte Kapellenform ohne architek=
tonisch getrennten Altarraum und die zweischiffige Anlage. — Für
die einfachste Raumbisposition, die einschiffige nämlich, ergeben
sich aus den alten Vorbildern, sowie neben denselben, mehrere
verschiedene Formen.

Schon in der Gestaltung des Grundrisses ist auf den gewählten Stil
Rücksicht zu nehmen. Der Rundbogen des romanischen Stils wirkt, weil die
zu erstrebende gleiche Höhe der Bögen auch gleiche Weite bedingt, vielfach
so, daß man bei der Raumteilung an das Quadrat gebunden ist, daher viele
bei der Gotik mögliche Raumformen beim romanischen Stil nicht möglich
sind. Die allereinfachste Form, ein glattes Rechteck mit einem nur durch
erhöhten Fußboden bezeichneten Altarplatz oder mit zwar halbkreisförmigem,
bezw. halbpolngongeschlossenem, aber mit dem Schiff gleich breitem Altar=
platz, ist direkt auszuschließen, weil der Zweigliederung des evangelischen
Gottesdienstes widersprechend.

Für einschiffige gegliederte Anlagen sind nur wenige alte Muster
romanischen Stils unverändert erhalten, aber doch darunter einige, aus
denen, unter Rücksicht auf die Bedürfnisse der evangelischen Kirche, folgende
Formen dieser Anlagen sich zusammenstellen lassen:

Rechteck mit angesetzter, verlängerter oder polygoner Apsis. Das Rechteck
darf nicht wohl reines Quadrat sein, aber auch nicht zu lang. Die Breite
des Schiffes betrage mindestens $5/10$, höchstens $8/10$ der Länge. Da man
nun schon wegen der durch die Überdeckungskonstruktion und die um des
Aussehens willen sonst nötige große Höhe bedingten Verteuerung einschiffige

Gebäude selten breiter als 7½ m anlegen wird, so ergiebt sich für die Apsis eine Breite von höchstens 6 m, also bei Halbkreisform höchstens 3 m Tiefe. Der Altar aber braucht hiervon circa 1 m, der Podest mindestens 0,90 m, die Vorstufen 0,30 m; es blieben also nur 0,80 m Raum vor dem Altar. Man

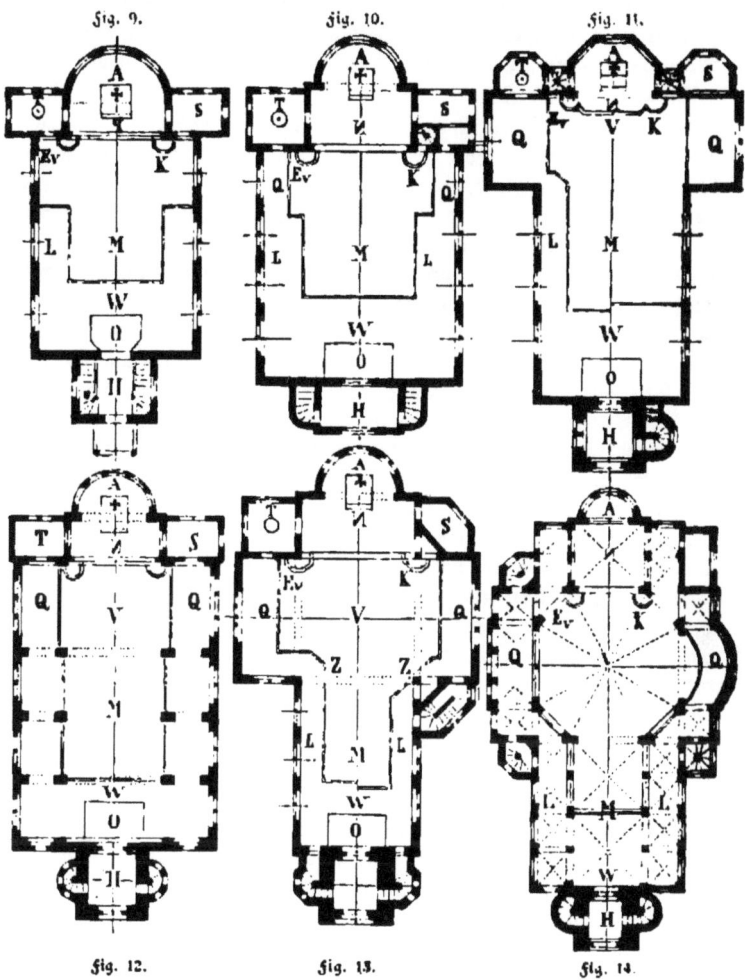

Fig. 9. Fig. 10. Fig. 11.

Fig. 12. Fig. 13. Fig. 14.

wird also entweder den Halbkreis der Apsis verlängern, d. h. zwischen ihn und den Apsisbogen (der hier zugleich als Triumphbogen fungiert) ein geradliniges Stück einschieben wie in Fig. 9, bei q, oder vor dem Bogen noch ein Viereck N (einen Antititulus) anlegen und vom Schiff durch einen zweiten Bogen (der nun als Triumphbogen eintritt) trennen müssen wie in

Fig. 10; oder endlich an Stelle der halbkreisförmigen Apsis einen polygonen Chorschluß setzen (in 5 Seiten des Achtecks, 7 Seiten des Zwölfecks, oder auch bei größerer Länge in 3 Seiten des Sechsecks, 5 Seiten des Siebenecks, Neunecks oder Zehnecks, 7 Seiten des Elfecks oder Vierzehnecks, stets nebst 2 der Achse parallelen Seiten von gleicher Länge mit jenen Polygonseiten). An diese der Achse parallelen Seiten des Chorschlusses oder eines Antititulus (Niederchors) lassen sich dann kleine Anbauten S, T für Sakristei und Tauf= kapelle anlegen (siehe Fig. 11).

Ein ganz viereckiger Altarplatz (geradliniger Chorschluß) verstößt zwar nicht gegen die Liturgie, wohl aber gegen das kirchliche Volksbewußtsein und Herkommen in Deutschland, wo er im Mittelalter nur bei einzelnen Mönchs= orden vorkam, während er in England ziemlich häufig und dem Volke ver= traut ist. Von den Anbauten verwende man den südlichen zur Sakristei, der Gesundheit wegen; der nördliche kann als Taufkapelle dienen oder, nach englischer, im Mittelalter auch in Deutschland vorkommender Weise, zur Aufstellung der Orgel, wenn die Kirche so klein (also auch entsprechend niedrig) ist, daß eine Orgelempore über dem, stets im Westen anzubringen= den, Eingang nicht wohl möglich wird. Der Eingang und die umun= gängliche Vorhalle H sind entweder im Parterre des Turmes anzulegen oder besonders anzufügen. Bei etwas größerem Maß der Kirche wird zu= nächst eine Orgelempore W an der Westseite hinzukommen, balkonähnlich freiragend oder auf Säulen ruhend. Diese bedarf einer Treppe, welche aber auch schon bei ganz kleinen Kirchen für den Turm und, wenn dieser fehlt, für den Dachboden nötig ist. In letzterem Falle kann man aller= dings an die Sakristei, neben die Apsis, ein Treppentürmchen setzen wie in Fig. 10, besser aber wird es im Westen stehen wie in Fig. 9. Soll je= doch das Turmparterre H als Eingangsvorhalle (Paradis) dienen, so muß man daneben wie in Fig. 11 ein Treppenhaus anfügen, das man gern als Türmchen behandelt. Die dadurch erzeugte Unsymmetrie schadet nicht, ob= schon es zu tadeln ist, wenn manche ohne Grund den Turm unsymmetrisch stellen. Werden außer der Westempore auch Längenemporen LL (über deren Nutzen und Nachteile s. § 37) nötig, so muß man, um das Vorbeipassieren bei der Orgel zu vermeiden, zwei Treppenhäuser anlegen wie in Fig. 12. — Da Treppen im Innern des Kirchenraumes stets störend wirken, besonders hölzerne durch das Dröhnen der Tritte, so werden die Treppenhäuser stets als Anbauten zu behandeln sein, müssen aber Thüren zum Schiff haben, damit die auf den Emporen Sitzenden, wenn sie am Abendmahl teilnehmen wollen, nicht gezwungen sind, ins Freie zu gehen. Reichen die Seiten= emporen bis an die Ostwand des Schiffes wie in Fig. 10, so seien sie ent= weder durchweg oder doch an diesem Ende, bei Q, so schmal, daß die an der Ecke des Triumphbogens aufzustellende Kanzel K eine schickliche Entfernung von ihnen behalte. Emporen mit nur einer Bankreihe gewähren zu wenig Raum im Vergleich zu den verursachten Kosten rc.

Schiebt man zwischen das Rechteck des Schiffs und die Chorpartie noch ein Querschiff QQ ein (Antoniuskreuz) (siehe Fig. 11), so gewinnt man allerdings viele Plätze, von denen aus der Geistliche auf der Kanzel gut gesehen und gehört wird, doch auch eine Anzahl, deren Benutzer den Altar nicht sehen können. Letzteres Übel steigt, je länger die Kreuzarme werden. Ihre Breite gleiche der des Langschiffs oder sei nur wenig kleiner, die Länge betrage etwa ²/₃ der Breite, so daß die Gesamtlänge des Querschiffs etwas größer als die des Schiffs ohne die Vierung wird. Ist im Langhaus nur eine Westempore vorhanden (Fig. 11 rechts), so kann man dennoch in den Kreuzarmen Emporen anbringen, welche nur nicht ganz bis zur Innenflucht des Langhauses vorgehen dürfen (um der Kanzel willen). Hat das Langhaus auch Seitenemporen, was nur bei größerer Breite desselben schicklich ist, also bei starkem Bedarf nach Emporen, so darf man in den Kreuzarmen solche doch nur an deren Westseite, oder, da das selten gut aussehen wird, zwar an deren Enden anlegen, aber sie sind dann ziemlich weit gegen die Flucht der Langhausemporen zurückzuziehen, wie in Fig. 11 links.

Wenn bei Fig. 11 vor die Apsis noch ein Antititulus eingeschoben wird, also ein ebensolcher Kreuzarm im Osten der Vierung, wie im Süden und Norden, so entsteht ein lateinisches Kreuz. Man gewinnt dadurch einen sehr guten Platz für den Taufstein, erhöht aber die schon bei Fig. 11 erwähnte Beschränkung des Blickes auf den Altar. Dieselbe wird gemildert durch Verkürzung des Langschiffs, welche das Kreuz zu einem griechischen, die Anlage zu einer dem Zentralbau sich nähernden macht (siehe § 36).

§ 34.

Unter den vorhandenen alten romanischen Kirchen befinden sich auch solche, welche gewissermaßen den Übergang von der einschiffigen zu der schon bei den Basiliken häufigsten dreischiffigen Anlage bilden; unter den vielen hier möglichen Formen sind am bemerkenswertesten zwei: die eine davon, die zweischiffige Anlage, ist zu vermeiden, die andere jedoch, meist als Typus von Sa. Prassede bekannt, mit Querbögen auf eingezogenen Strebepfeilern, ist der Entwickelung fähig.

Die von manchen für die Empfehlung einer zweischiffigen Anlage angeführten Gründe sind unerheblich gegenüber der Beeinträchtigung des Blicks auf den Altar und der Störung der Einheitlichkeit durch die mittlere Stützenreihe. Eher noch als die daher ungeeignete symmetrische zweischiffige Anlage könnte man die unsymmetrische, bei der der Chor vor dem einen, breiteren Schiff liegt, wählen, aber nur in einem einzigen Fall, dann nämlich, wenn eine in rascher Vergrößerung begriffene Gemeinde eine Kirche baut und diese für die in Aussicht stehende größere Seelenzahl dreischiffig entworfen, vorläufig aber nicht vollständig ausgeführt wird, wo also die Zweischiffigkeit nur als Provisorium erscheint.

Um das Schiff ohne große Kostenerhöhung breiter als 7 m (siehe oben) spannen und zugleich die Emporen organisch einfügen zu können, empfiehlt sich die in Fig. 12 dargestellte Einsetzung von Querbögen, welche das Schiff in Joche teilen. Würde man die Pfeiler derselben nach außen schieben, so würde der pekuniäre Vorteil wieder aufgehoben, daher stützt man sie auf sogenannte eingezogene Strebepfeiler; läßt man diese voll, wie in der 610 erbauten Kirche S. Cipriano zu Spoleto, so bleibt die Anlage einschiffig und die Emporen werden für jedes Joch eine besondere Treppe haben müssen. Durchbricht man jedoch die Pfeiler (siehe Fig. 12), wie in der 810 erbauten Kirche Sa. Prassede zu Rom und in der um 1100 erbauten Kirche zu Subiaco, so erhält man fortlaufende Emporen und einen Übergang zur dreischiffigen Anlage. Auch hier läßt sich natürlich ein Antititulus oder ein Querschiff oder auch beides leicht einschieben.

§ 35.

Die dreischiffige Anlage, aus dem Bedürfnis der Zwischenstützung für Decken breiterer Räume entstanden und für kleinere Kirchen ohne Verfallen ins Kleinliche nicht anwendbar empfiehlt sich für alle mittleren und größeren Kirchen, ist auch fast allgemein herkömmlich. Bei Ausgestaltung in romanischem Stil ist die Anlage in drei gleich breiten Schiffen zu vermeiden, also das Mittelschiff breiter anzulegen wie die Seitenschiffe. Dabei sind, unter Rücksicht auf die durch den Rundbogen gegebene Beschränkung, folgende Raumdispositionen möglich: 1) Rechteck mit unmittelbar anschließendem Chorbau; 2) Rechteck mit Querschiff und unmittelbar an diesen anliegendem Altarplatz (Antoniuskreuz); 3) Rechteck mit Querschiff und Antititulus, also lateinisches Kreuz mit engerer Vierung. Am angemessensten erscheint für mittlere Kirchen die erste, für größere die zweite Disposition.

Die Behauptung, drei gleich breite Schiffe (sog. Hallenkirchen) seien bei Anlehnung an den romanischen Stil zu vermeiden, bedarf einer kurzen Begründung. Das Mittelschiff wird man, teils damit es nicht beengend wirkt, teils weil von seiner Breite ein Stück wegen des Mittelgangs nicht für Sitze benutzbar ist, nicht gern unter 7, gar nicht unter 6 m (von Stützmittel zu Stützmittel) ansetzen dürfen. Gibt man nun den Seitenſchiffen dieſelbe Breite, ſo erhält man eine Geſamtbreite von 18 bzw. 21 m. Würde ſchon deshalb dieſe Diſpoſition nur für große Kirchen möglich ſein, ſo kommt noch dazu, daß hier der Rundbogen zwingt, die Raumteile quadratiſch, alſo die Jochlänge auch 6—7 m zu nehmen, wodurch noch einige hier nicht näher zu erörternde Schwierigkeiten z. B. in Beziehung auf die Anlage eines Querſchiffes erwachſen würden. Endlich werden Emporen hier, gerade wie bei einſchiffigen Kirchen, als nicht bis zur Decke reichende Einbauten zu behandeln und daher noch mit größerer Einſchränkung anzuwenden ſein wie dort, weil erſtens ſie dem Mittelſchiff bei der größeren Breite der Seitenſchiffe mehr Licht rauben, zweitens die Pfeiler bei der Ent= fernung den Emporen noch mehr Ausſicht be= nehmen, als wenn ſie in deren Flucht ſtehen, was bei breiterem Mittelſchiff möglich iſt.

Einfaches Rechteck mit direkt angelehntem Chor zeigt Fig. 15. Die Seitenvorhallen EF können zu Treppenhäuſern benutzt, die innere Vorhalle H kann weggelaſſen und das Gebläſe in das erſte Obergeſchoß des Turmes verlegt werden; die Seitenapſiden laſſen ſich zur Sakriſtei S und zur Taufkapelle T umbilden. — Will oder muß man in den Seitenſchiffen SS Emporen anlegen, ſo wird bei der durch den Rundbogen bedingten großen Jochlänge die Einſchiebung ſchwächerer Zwiſchenſtützen zwiſchen die Haupt= pfeiler nötig ſein, die man dann auch behufs leichterer Überwölbung der Seitenſchiffe bis hinauf führen kann (ſiehe § 37). — Schwierig= keit wird bei dieſer einfachen Anlage immer die Anbringung der Kanzel machen, da ihr die Emporen zu nahe kommen, wenn man nicht Antititulus N und Apſis A im Vergleich zum Mittelſchiff M ſehr verſchmälert. Eine viel voll=

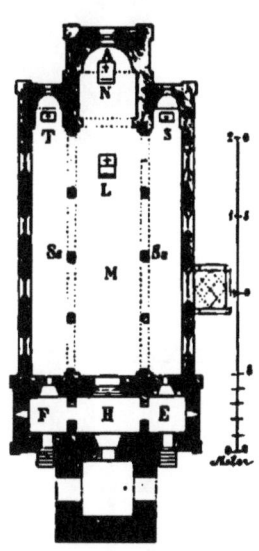

Fig. 15. Grundriß der Kirche zu Neckarthallfingen, erbaut um 1160.

ſtändigere Abhilfe gewährt die Einſchiebung eines Querſchiffes zwiſchen Apſis und Langhaus. Eines der wenigen nicht völlig veränderten Bei= ſpiele dieſer Diſpoſition iſt der Oſtchor von S. Michael zu Hildesheim (ſ. Fig. 17), obſchon auch hier die urſprünglich zwiſchen den beiden anderen liegende Mittelapſis einem Chor hat weichen müſſen. Man ſieht, daß hier leicht in Seitenſchiffen und Kreuzarmen Emporen angelegt werden könnten, ohne der Kanzel zu nahe zu kommen, aber ebenſo, daß der Altar= platz vor der erwähnten Veränderung ſehr klein, beſonders aber auch die Gelegenheit zu Anbringung der nötigen Anbauten neben ihm ſehr knapp geweſen iſt. Indem man nun, um Abhilfe zu ſchaffen, einen Antititulus einſchob, entſtand erſt das lateiniſche Kreuz, wie auch Fig. 16 zeigt, wo

man die Anbauten an Stelle der für den evangelischen Kultus unbrauch=
baren Seitenapsiden treten lassen kann und hierdurch, sowie durch Ver=
kürzung des Langhauses einen sehr praktischen und doch wirkungsvollen
Grundriß gewinnen wird. Größere Wirkung und bedeutendere Geräumigkeit
des Altarplatzes wird erzielt, wenn
alle drei Langschiffe sich hinter dem
Querschiff fortsetzen; zum Erhabenen
gesteigert wird die Wirkung, wenn
diese Seitenschiffe sich hinter der
Apsis herumziehen, einen Chorum=
gang (sogenanntes Chevet) bilden
wie in Fig. 17 am unteren Ende
(Westchor). In diesem Umgang
hinter dem Altar könnte auch, nach
Sempers Vorschlag, der Taufstein
Platz finden. Emporen dürfen
hier auf keinen Fall angelegt
werden.

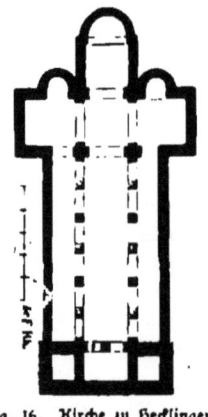
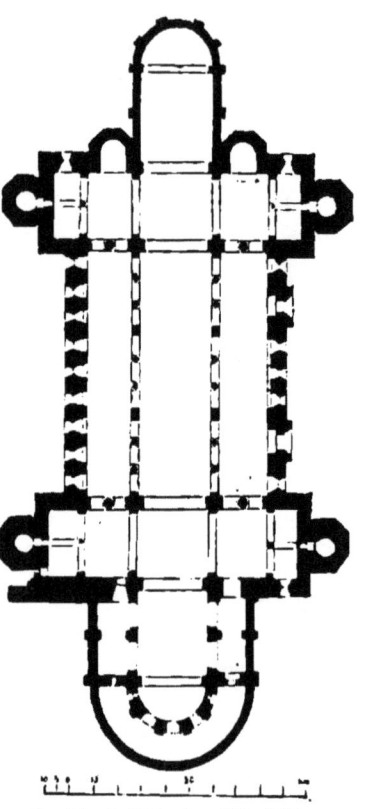

Fig. 16. Kirche zu Hecklingen,
erbaut 1117—1130.

Fig. 17. S. Michael zu Hildesheim.
Ostchor 1015. Westchor um 1200.

§ 36.

Unter den alten Bauten romanischen Stils finden sich auch
einige Zentralbauten, welche von vornherein nicht etwa als
Taufkapellen oder Grabkirchen, sondern als Pfarrkirchen geschaffen
sind; in noch größerer Anzahl unter den die Vorentwickelung des
romanischen Stils bezeichnenden Bauten der Ostgoten, Lango=
barden und Franken. Es hat nicht an solchen gefehlt, welche

Zentralanlagen als Vorbild für den evangelischen Kirchenbau empfahlen. Der reine Zentralbau ist jedoch durchaus nicht dazu geeignet; nur eine Modifikation desselben, welche man als Vereinigung des Kuppelbaues (oder Zentralbaues) mit der Basilikalanlage bezeichnen könnte, und welche sich als Kreuz= anlage mit erweiterter Vierung darstellt, kann als brauchbar für die Zwecke des evangelischen Kultus bezeichnet werden.

Ausgehend von der hohen Bedeutung der Predigt in der evangelischen Liturgie, aber dieselbe einseitig überschätzend, schlugen manche, besonders im Anfang unseres Jahrhunderts, vor, die evangelischen Kirchen als Zentral= bauten anzulegen. Obschon die Versuche (z. B. die erste protestantische Kirche zu München) mehr oder weniger mißlangen, tauchen die Vorschläge doch immer wieder auf. Der an allen solchen, auf Kreis oder Polygon basierten Bauten merkbare Mangel an kirchlicher. Würde hat (siehe unten) seine Ursache besonders darin, daß der sakrifizielle Teil des Gottesdienstes zu wenig betont, der Altar zu wenig als Ziel einer Längenrichtung bezeichnet werden kann. Aus ganz anderer Ursache eignet sich die Form des griechischen Kreuzes, richtiger des in neun Quadrate geteilten Quadrates, die so viele byzantinische und russische Kirchen zeigen, ohne Verlängerung nicht für uns. Hier wird stets der Altarraum zu groß im Vergleich zum Gemeinderaum, wie man sofort sehen kann, wenn man in Fig. 16 oder in Fig. 12 die westlichsten 2 Joche verdeckt. Unter denen, welche diese Mängel einsahen, gingen manche freilich zu weit, indem sie einerseits die erwähnte byzantinische Anlage nach dem griechischen Kreuz ungenauer Weise mit dem eigentlichen Zentralbau völlig identifizierten, andererseits diesen total verwarfen und unter den Gründen hierfür z. B. die Mängel betreffs der Akustik mit aufführten, sowie andere Fehler, welche jenen Versuchsbauten anhafteten, obschon dieselben nicht dem System, sondern nur mangelhafter Handhabung desselben zur Last zu legen sind. Nun ist allerdings der reine Zentralbau ganz und gar ungeeignet für unsern Kultus, aber schon der Ostgotenbau S. Vitale zu Ravenna (526) zeigt in seiner Ostpartie den Weg, den man einschlagen kann, um ihn brauchbar zu machen. Die Langobarden gingen bereits bei dem Bau der Kathedrale von Monza (590) einen Schritt weiter auf dieser Bahn, und man könnte noch viele andere Beispiele aufzählen, wozu aber hier der Raum fehlt. Es sei deshalb nur erwähnt, daß im abendländischen Basilikenbau, auch in Rom selbst, etwa von 725 ab, die Kreuzform mehr und mehr zur Geltung kam, und bei ihrer Entwickelung vielfach so ver= fahren ward, daß man die Vierung des Kreuzes erweiterte*) und so einen Zentralbau in der Mitte des Kreuzes einfügte.

*) Eine Vergrößerung der Vierung strebten auch die Normannen an, und zwar indem sie, z. B. im Dom zu Monreale, den Querbau breiter

Vom Standpunkte der Zweckmäßigkeit aus erscheint es, wie wir oben sahen, wünschenswert, ja nötig, den Kirchengrundriß so zu gestalten, daß die Entfernung der Andächtigen von der Kanzel keine zu große, auch eine möglichst gleichmäßige sei und daß man thunlichst überall ungehinderten Blick auf den Altar habe. Bei der letzten einschiffigen Anlage, die wir betrachteten, der im lateinischen Kreuz, Fig. 13 links, ist dies nicht erreicht: auch würde hier eine ununterbrochene Emporenanlage die Wirkung der Vierung beeinträchtigen. Beides nun wird vermieden, wenn man, nach Fig. 13 rechts, die Vierungspfeiler zu freistehenden macht. Würde man sie ganz weglassen, so erhielte man ein Achteck mit angelegten vier Kreuzarmen, deren östlicher als Antititulus dient, während der westliche länger wäre als die übrigen. Verkürzung desselben zu gleicher Länge mit dem südlichen und nördlichen würde dann zu dem reinen Zentralbau führen, dessen Mängel aber bei einschiffiger Anlage mit Emporen so grell hervortreten, daß der kirchliche Charakter geradezu verloren geht.

Bei dreischiffiger Anlage zeigt schon die Kreuzform mit ebenfalls dreischiffigem Querhaus eine leichte Annäherung an die Zentralisierung, welche noch erhöht wird, wenn auch die Kreuzarme apsidal (halbkreisförmig) geschlossen werden (sog. Kleeblattgrundriß). Die Zentralisierung ist jedoch hier nur eine scheinbare, äußerliche. Zu einer wirklichen wird sie erst, wenn man die Vierungspfeiler wegläßt. Wie man diese Form für eine evangelische Kirche verwenden könnte, ohne die Nachteile des reinen Zentralbaus heraufzubeschwören, zeigt Fig. 14 links: Fig. 14 rechts hingegen, unter Anlehnung an den Typus von S. Lorenzo maggiore mit Zuziehung der Ostpartie von S. Fosca auf Torcello entworfen, betont den Zentralismus noch mehr und bezeichnet die äußerste Grenze seiner Anwendbarkeit in den Hauptzügen.

Die hier über der erweiterten Vierung aufzuführende Zentralkuppel würde etwa 12—14 m Spannung erhalten, also noch leicht auszuführen sein, und auch weder durch ihre Größe noch durch zu große Nähe, wie beim reinen Zentralbau, den Westturm in seiner Wirkung beeinträchtigen, der übrigens auch größer angelegt werden kann als in Fig. 14.

Eine solche Erweiterung der Vierung wird stets den Erfolg haben, daß dieselbe als Hauptteil und Mittelpunkt der Kirche mehr hervortritt. — Wenn nun dadurch das ganze Innere der Kirche einheitlicher, zusammengeraffter, aber auch luftiger, weiträumiger, minder beengt erscheint, wenn ferner hier der Prediger von einem verhältnismäßig größeren Teil der Gemeinde gut gesehen und gehört wird, so stellen gerade die ersten Eigenschaften unverletzbare Grenzen für die Anwendung der Zentralanlage in weitgehender Weise,

machten als das Langhaus und so eine länglich viereckige Vierung schufen. Diese Anordnung ist im Prinzip noch romanisch, aber nur bei Anwendung des Spitzbogens oder der Holzkonstruktion ohne formelle Anstände durchführbar.

denn bei solcher würde der Gemeinderaum über den Altarraum dominieren und dadurch die Kirche, des unbedingt notwendigen Vorherrschens des Altarraumes entbehrend, zum Betsaal, ja zum Hörsaal herabsinken. Davor aber kann nicht energisch genug gewarnt werden.

§ 37.

Ist die Grundrißdisposition bestimmt, so hat man sich mit dem Aufbau zu beschäftigen. Bei Feststellung desselben nach ro= manischem Muster handelt es sich zuerst auch hier um die Raumbeschaffung, und hier wiederum hauptsächlich darum, ob außer der Orgelbühne noch Emporen anzulegen sind oder nicht. Der Nutzen derselben besteht bekanntlich darin, daß man dieselben Grundflächeneinheiten zweimal übereinander benutzen, also ihre Zahl bei gleicher Sitzzahl erniedrigen kann. Bei größeren Gemeinden kann das durch die beschränkte Tragweite der menschlichen Stimme oft zu unerläßlicher Bedingung, also die Anlage von Emporen unvermeidlich werden. Bei kleineren Kirchen wird vermeintlich immer, in der That aber durchaus nicht immer eine Ersparnis an Baukosten durch Emporenanlage erreicht. Da nun letztere auch sehr viele Nachteile hat, so ordne man sie nur an, wenn Ersparnis dringend nötig ist und auch wirklich dadurch erreicht wird.

Die Emporen kamen sehr früh in Gebrauch, vermutlich um die Tren= nung der Geschlechter durchführen zu können. Der Umstand, daß sie in vielen Basiliken und frühromanischen Kirchen vorkommen, in gotischen um die Zeit der Reformation wieder auftauchen, hat dazu geführt, daß manche dieselben als charakteristisches Moment des evangelischen Kirchen= baus betrachten. Indes mit Unrecht. Sie sind vielmehr stets, da sie die Wirkung des größeren freien Raumes beeinträchtigen und gar leicht an Theater und Tanzsäle erinnern, als Übel zu betrachten. Genaue Berechnung lehrt, daß in kleineren Kirchen die Anbringung von Emporen und den dazu nötigen Treppen oft mehr kostet, als die durch dieselbe erreichte Verkleinerung des Baus an sich erspart. Wenn in Württemberg schon 1840 vorge= schrieben ward, Seitenemporen thunlichst zu vermeiden, in Preußen 1854 aber solche Emporen verboten wurden, welche die Fenster quer durchschneiden, und 1862 eine Zirkularverfügung vorschreibt, die Emporen nicht als will= kürliche Einbauten zu behandeln, sondern möglichst organisch mit der Struktur der Kirche zu verbinden, so ist damit einerseits noch nicht alles getroffen, andererseits aber doch mancher nützliche Fingerzeig gegeben. In einschiffigen Kirchen werden Emporen stets als ein nicht zur Decke reichender, daher nicht organisch mit der Struktur vereinter, mehr oder weniger willkürlicher Einbau erscheinen, und dieser Mißstand kann nicht gänzlich aufgehoben, sondern nur gemildert werden durch die Form, die man ihnen gibt. Ja es wird manchmal gradezu ratsam sein, sie als halbprovisorischen Einbau zu behandeln. Jedenfalls dürfen sie nicht dominierend, anspruchsvoll auftreten. Die Orgelbühne läßt sich meist leichter organisch der Struktur einfügen, wenn man sie mit der Orgel einheitlich zusammenarbeitet. Bei dreischiffiger Anlage, ja schon bei der in Fig. 12 dargestellten Anlage lassen sich die Emporen sehr gut organisch dem ganzen Strukturgerippe einfügen, unter Anlehnung an alte Vorbilder, und es erwächst hier nur eine Schwierigkeit, allerdings ziemlich oft: bei geringerer Höhe nämlich werden die Öffnungen zwischen den Emporenstützen oft zu breit und sind dann schwierig stilgerecht zu gestalten.

§ 38.

Die formelle Gestaltung des Aufbaus wird den Formen=vorrat des romanischen Stils nach den Stilgesetzen anwenden müssen und daher vorwiegend Sache des Entwerfenden sein, aber auch von diesem nur bei genauer Kenntnis des Stils gelöst werden können. Hier können begreiflich die Stilgesetze nicht entwickelt, die Stilformen nicht gelehrt, sondern nur einige wenige Andeutungen gegeben werden. Zunächst hüte man sich, solche verschiedene Formen nebeneinander zu verwenden, die im Original sehr ver=schiedenen Zeiten und Gegenden angehören. — Die beschränkende Wirkung des Rundbogens zeigt sich bei Anwendung von Holz=konstruktion weniger schroff als bei Gewölbkonstruktion. Die im romanischen Stil noch nicht vollzogene Aufhebung der Horizontalteilung bedingt es jedoch im ersteren Fall, daß nicht zu viele verschiedene Höhen von Bogenanfängen angeordnet werden; die Stützen dürfen nicht zu schwach erscheinen, aber auch den Blick nicht zu sehr beengen. Die Einzelformen sollen die Funktion zu geeignetem Ausdruck bringen. Geputzte Holz=decken sind thunlichst zu vermeiden. Der Organismus der Raum=teilung und der Konstruktion ist auch in der Dekoration zur Wahrnehmung zu bringen.

Der formelle Aufbau kann geteilt werden in einen äußeren und einen inneren. Für jenen bieten die alten Bauten hinlänglich Vorbilder. In

der geschlossenen Fassade waren schon im 6. Jahrhundert an Stelle der
Pilaster und Gebälke die Lisenen und Rundbogenfriese getreten, welche die
Horizontaldecke zwar noch andeuten, aber ihre Stützung bereits zerteilen und
die Ersetzung der aus Balkendurchkreuzungen bestehenden antiken Kassetten-
decke durch freiliegenden Dachstuhl oder lange Balkensache auch äußerlich
erscheinen lassen. Die Fenster erscheinen nicht mehr wie in der Antike als
in die glatte Mauer eingesetzte Rahmwerke aus vorstehenden Gewänden
mit Verdachungen oder als verschließbare Arkaden, sondern als selbständige,
rundüberwölbte Maueröffnungen, einfach, zwillingsweise oder auch drillings-
weise verkuppelt, mit schmalen Zwischenpfeilern oder Säulchen, aber stets
mit eingehenden Gewänden und ohne Verdachung. Ähnliche Umwandlung
haben die Thüren erlitten. Die Giebel, mit den Dächern höher geworden,
zeigen auch ihrerseits äußerlich die erwähnte Veränderung des Deckenwerks
dadurch an, daß sie keinen wagerechten Fußsims mehr haben, dafür aber
ihre Schenkel von aufsteigendem Rundbogenfries getragen werden.

Der romanische Stil bietet für Bauteile mit ganz klar begrenzten
Funktionen ganz scharf ausgeprägte Formentypen, darunter einige in ungemein reicher Variierung des gleichen Motivs; für nicht klar begrenzte oder
nicht völlig verstandene Funktionen hingegen sehr viele nicht zur allgemeinen
Geltung gelangte Variationen. Dieser Umstand giebt für den Entwurf den
besten Fingerzeig. Wo Funktionen zum Ausdruck zu bringen sind, die genau
so an alten Gebäuden erscheinen wie an den zu entwerfenden, halte man sich
streng an die alten Vorbilder. Wo infolge der Anwendung einer neuen Kon-
struktionsweise oder des Auftretens eines neuen Bedürfnisses auch eine neue
einfache oder gegliederte Funktion auszudrücken ist, kann man eine derselben
adäquate Form entweder aus mehreren alten Formenteilen kombinieren oder
auch analog alter Gestaltungsweise neu entwerfen. Am häufigsten wird dies
Bedürfnis bei Konstruktionen in Holz und Eisen auftreten. Einiges Detail
folgt noch in § 40.

§ 39.

Dadurch ist die formelle Gestaltung eng verbunden mit der
technischen Ausführung des Aufbaues. Diese ist noch mehr
als jene Sache des sachkundigen Entwerfenden und nur selten
wird der den Entwurf Prüfende als unbefangener Betrachter
hier und da helfen können. Vor allen Dingen ist alle Schein-
konstruktion zu vermeiden, auch alles Unsolide. Gipsverzierungen,
Papierstuck, Putzschnörkel sollen höchstens im Innern zur Anwendung gelangen, am Äußern gar nicht. Alles Verstecken
notwendiger Konstruktionsteile ist zu verwerfen. Dagegen ist es

falsch, wenn man fordert, es sollen nur solche Konstruktionen angewendet werden, die an alten Beispielen sich finden. Die Aufgabe geht nicht dahin, alte Kirchen zu kopieren, sondern neue für jetzige Bedürfnisse zu bauen, daher sind auch alle neuen Mittel der fortgeschrittenen Technik zu benutzen.

Durch das Fehlen gewisser Materialien und Konstruktionsweisen an den älteren Werken romanischen Stils sich von deren Verwendung an neuen Bauten abhalten zu lassen, wie das die sogenannten Puristen verlangen, das würde eine mit dem Geiste der evangelischen Kirche durchaus unvereinbare Verleugnung des von der Menschheit durch Jahrhunderte lange Forschungen und Mühen unter Gottes Hilfe erlangten Fortschrittes in sklavischer Hingabe an veraltete Zustände sein. Wir sollen unser Licht nicht unter den Scheffel stellen, sondern mit dem anvertrauten Pfund wuchern. Auch würde das durchaus nicht im Geiste der Entwerfer jener alten Bauten sein, welche vielmehr, wie das an ungemein vielen Beispielen nachweisbar ist, jeden ihnen bekannt gewordenen Fortschritt der Materialkunde und Technik sofort verwerteten. — Man soll eben nicht gedankenlos äußerlich kopieren, sondern im Geiste der Alten arbeiten; ersteres, von den Puristen euphemistisch „treues halten am Stil" genannt, führt sogar oft zu Scheinkonstruktionen, welche direkt dem Geist der romanischen, wie jeder wahren Kunst widersprechen, auch, wie an jedem Bau, so doppelt an einem Kirchenbau, verwerflich erscheinen; daß unsolide Mittel, wie Gips, Pappe, Holzgewölbe u. dergl. an einen Kirchenbau nicht gehören, versteht sich von selbst.

§ 40.

Wenn hier (Taf. I) der Entwurf zu dem Aufbau eines romanischen Kirchengebäudes auf dem Grundriß Fig. 9 gegeben und einige Details auch für dreischiffige Gestaltung beigefügt werden, so soll damit nicht etwa ein Schema zu schablonenhafter Nachahmung aufgestellt sein. Gerade die in manchen deutschen Staaten erfolgte Aufstellung und Empfehlung solcher Schemata hat die Entwickelung der evangelischen kirchlichen Kunst vielfach erschwert. Die Zeichnungen sollen vielmehr nur zunächst einige stilgerechte und doch brauchbare Formen und Verhältnisse vorführen, indem sie die in den vorigen Paragraphen erwähnten Teile zur Anschauung bringen, dann aber auch einen ungefähren Maßstab bei Prüfung von Entwürfen, sowie einen Wegweiser bei etwa hervortretenden Zweifeln bieten.

Aufbau in romanischem Stil.

Tafel I.

A stellt die Nordansicht dar, unter Verkürzung um ein Joch. Bei sehr kleinen, besonders niedrigen, Kirchen dürfte es auch gestattet sein, die oberen Fenster mit den unteren in eine Gruppe zu vereinigen, nicht aber das Glas durchgehen zu lassen. Die Treppentürmchen am Chorende brauchen nicht, wie hier angenommen, bis hinauf zu steigen; B gibt die Westseite, jedoch mit anders gestalteten Turm, C die Ostseite zum größten Teil, für Jeden leicht ergänzbar. Hinter den Zwergarkaden der Mittelapsis befinden sich die in D, E sichtbaren Rundfenster. D gibt den Querschnitt durch das Langhaus mit zum Teil sichtbaren Dachstuhl, E den durch das Querschiff mit der Kanzel und mit Balkendecke, die bei F im Längsdurchschnitt ebenfalls angenommen ist; hier sind die Emporen in Holzkonstruktion gedacht. — G und H geben ein Joch des Längenschnitts und einen Teil des Querschnitts bei Steinkonstruktion und Überwölbung, nebst einer Andeutung des Außenaufbaus, für gleiche Konstruktion und dreischiffige Gestaltung.

Bei J fügen wir zwei Sockelprofile hinzu; bei K einen Gurtsims und zwei Hauptsimse, deren einer mit dem sog. Schachbrettfries verziert ist; bei L zwei Bogenprofile, bei M ein Kelchkapitäl mit zweiseitig ausladender Kämpferplatte, wie solche namentlich an gekuppelten Fenstern vorkommen; N ist ein Glockenkapitäl mit Kämpferwürfel; O ein Kelchkapitäl mit Anwendung des Motivs vom Würfelkapitäl; M, N und O zeigen auch ein paar der so sehr verschiedenen Schaftverzierungen; P ist eine Holzsäule mit Würfelkapitäl und mit Eckabfasungen am Fuß, auf einem Steinwürfel stehend und mit Emporengebälk vereinigt; Q eine Steinsäule mit Würfelkapitäl und mit zwei verschiedenen Eckblättern am Fuß; R ein drittes Eckblatt; S, T endlich eine ganze Reihe verschiedener Gestaltungen für den Rundbogenfries und die Unterglieder des darauf ruhenden Simses.

§ 41.

Bei Anlehnung an den gotischen Stil hat man betreffs der Raumdisposition im allgemeinen eine etwas freiere Wahl, als der romanische Stil zuläßt. Auch hier ist natürlich die einfache Betsaalform ohne architektonisch markierten Altarplatz (Chor) ausgeschlossen. Der Chor selbst ist stets polygon, nie halbkreisförmig zu gestalten. Die Mauern können im allgemeinen dünner angelegt werden, indem an den Stellen, wo der Druck sich konzentriert, also an der Scheidung von Gewölbjochen, oder unter den Dachbindern, an den Ecken und sonst Strebepfeiler verstärkend eintreten.

Bei einschiffiger Anlage wird auch hier ein Rechteck mit

4*

angesetztem Chor die einfachste Form sein. Einschiebung eines
Querschiffs zwischen Chor und Langhaus, und, bei Verlängerung
des Chors, die Form des lateinischen Kreuzes, ist ebenso
statthaft. Der Umstand jedoch, daß der Spitzbogen selbst bei
Anstrebung gleicher Höhe verschiedene Spannweiten zuläßt und
daß die Gotik bei ihrem ausgeprägten Vertikalismus nicht so
große Rücksicht auf gleiche Höhe der Bogenanfänge fordert,
führt dazu, daß diese Hauptdispositionen eine größere Menge
von Variationen gestatten und daß zwischen dieselben sich noch
viele andere einschieben lassen.

Hier sei zunächst mit einigen Worten des vielverbreiteten Vorurteils
gedacht, als sei ein gotischer Bau an sich kostspieliger als ein romanischer Bau.
Dieses Vorurteil ist dadurch erzeugt oder doch befestigt worden, daß man
eine Zeit lang, im zweiten Viertel unseres Jahrhunderts, bei Erbauung
gotischer Kirchen sich an die überreiche Spätgotik anlehnte, aber auch deren
Erzeugnisse nicht genau genug studiert hatte, und so, teils durch zu großen
Reichtum an Verzierungen, teils durch Konstruktionsfehler und deren Kor-
rektur bei Vollendung des Baues die Kosten sehr anwuchsen. In Beziehung
hierauf möge folgendes genügen: Die mögliche Verschwächung der Mauern
spart Material; die Gotik verlangt zwar schlankere Verhältnisse, diese aber
lassen sich ohne wesentliche Erhöhung der Mauern erreichen durch schmälere
Bemessung der Joche, weil man nicht an die Quadrateinteilung des Grundrisses gebunden ist, ferner auch dadurch, daß der höhere Dachraum selbst
bei Gewölbkonstruktion zum Teil, bei Holzkonstruktion fast völlig mit zum
Innenraum der Kirche gezogen werden kann. Während nämlich der romanische Stil bei Wahl der Holzkonstruktion entweder wagerechte Balkendecke
oder einen bei unserem Klima leicht zu sehr kältenden sichtbaren Dachstuhl
mit nicht zu steiler Neigung des Daches verlangt, bieten sehr viele gotische
Kirchen, namentlich Englands, die mannigfachsten Muster für Holzkonstruktion
ohne durchgehende Balken und doch mit einer die Kältung mindernden Ver-
schalung zwischen dem Innenraum und dem höheren Dache. Andererseits
sind eine Menge kleiner, einfacher Kirchen gotischen Stils erhalten, welche
beweisen, daß der letztere auch ohne reichen Schmuck an Werksteinorna-
menten doch würdige und erhebende Wirkung erreichen läßt. Näheres siehe §45.

Viereckige Chorschlüsse finden sich zwar auch, besonders in England,
doch haben hier dieselben Gegengründe Geltung, wie im romanischen Stil.
Die Auswahl unter den Polygonen für die Gestaltung des Chorschlusses
ist in der Gotik viel größer als in § 33 angegeben. Es gibt sogar einzelne
Beispiele, in welchen mehr als die Hälfte des Polygons zum Grund des
Chorschlusses genommen ward. Doch würden wir das nicht empfehlen, weil
die Übersichtlichkeit des Altarraums vom Schiff aus darunter leidet. Die

— 53 —

mehrerwähnte Befreiung der Raumverteilung vom Zwange des Quadrats
bewirkt auch, daß Nebenräume (Sakristei, Taufkapelle, Beichtzimmer) in
mannigfachster Weise und Form an den Hauptkörper sich anlegen lassen.
Doch ist vor allzu willkürlicher Benützung dieser Freiheit zu warnen. —
Man hat z. B., weil zwischen die beiden östlichsten Pfeiler des Chorschlusses
an dessen Ostende mehrfach, besonders in England, noch eine kleine, eben=
falls chorschlußförmige Kapelle, meist zu Ehren Mariä, angebaut ist, hier
und da in ähnlicher Form an selber Stelle die Sakristei angefügt, nicht
bedenkend, daß die Marienkapellen zu den Zeiten des eifrigen Marien=
kultus als Steigerung zu betrachten waren, während die Sakristei ein
zu menschlicher Benutzung bestimmter Raum ist, der also nicht hinter den
Altar gehört. Daß solche östliche Lage die Orientierungslinie intensiv be=
tone, ist nur im äußerlichen Sinne, nicht im Geiste der Sache, wahr. Noch
unstatthafter erscheint solche äußerliche Nachahmung alter Anlagen an Stelle
innerlicher Erfassung des Geistes derselben da, wo man den Kapellenkranz der
gotischen Kathedralen nachahmt, indem man Sakristei, Taufkapelle, Kirchen=
expedition, Beichtzimmer u. dergl. um den Chorschluß herum in Form von
Radialkapellen gruppiert. Das bringt zwar formell eine reiche Außenwirkung
hervor, nimmt aber dem Chorschluß nicht nur viel Licht, sondern, was noch
bedenklicher ist, einen großen Teil der ihm gebührenden Würde. Höchstens
könnte man die Anlage einer Taufkapelle an dieser Stelle damit motivieren
(wie Semper that), daß die Taufe am Morgen des Lebens erfolge, das
Licht des Christentums dem Täufling bringe, also ihre Stätte am Morgen=
ende der Kirche sein könnte. Aber auch diese scheinbare Rechtfertigung
beruht auf einem, dem Ernst der Sache nicht entsprechenden Wortspiel.

Emporenanlage ist bei nur einschiffigen gotischen Kirchen noch schwieriger
organisch einzufügen, daher noch mehr zu vermeiden als bei romanischen
(siehe § 45).

§ 42.

Bezüglich der zweischiffigen Anlage gilt bei Anlehnung an
die Gotik dasselbe, wie bei Anwendung romanischer Formen,
wenn auch hier die Stützen schwächer sein können. Auch für
den Übergang von der einschiffigen zur dreischiffigen Anlage
liefern gotische Bauten mustergiltige Vorbilder.

Die dreischiffige Anlage mit ganz oder nahezu gleichbreiten
und gleichhohen Schiffen, die sogenannte Hallenkirche, bietet im
gotischen Stil bei weitem nicht so viele Bedenken als im
romanischen. Sowohl bei den Hallenkirchen als bei der sog.
Basilikalanlage mit wesentlich breiterem und höherem, durch

einen Lichtgaden direkt beleuchtetem Mittelschiff kann man zwischen Langhaus und Chor ein Querschiff einschieben, die Kreuzarme gerade oder polygon schließen und den Chorschluß einschiffig oder dreischiffig, überhaupt aber noch viel mannigfacher gestalten, als bei romanischer Formengebung.

Für die in Fig. 10 nach einem romanischen Muster gegebene Anord nung ist eines der hübschesten Vorbilder gotischen Stils die 1515, offenbar in Anlehnung an die große Marienkirche zu Zwickau, erbaute reizende Pfarrkirche zu Ruppertsgrün im sächsischen Erzgebirge, bei welcher die Wände zwischen den das reiche Sterngewölbe stützenden Strebepfeilern hin= ausgeschoben, diese Strebepfeiler an ihrer inneren Flucht durch Bögen verbunden, für die so gewonnenen Emporen aber in verein= fachender Abweichung von dem Vorbild Ver= bindungsdurchgänge durch die Strebepfeiler gebrochen sind. Unschön, vielmehr unkirchlich, ist dort nur, daß diese Emporen sich auch im Chorschluß herumziehen, der überhaupt nicht architektonisch vom Schiffe gesondert ist. Doch das ist bei solcher Anlage, wie bei dreischiffiger Basilikalanlage, und selbst bei Hallenkirchen mit ähnlicher Emporen= anordnung leicht zu erreichen, wenn man im Chor, mag dieser nur einschiffig dem Mittelschiff direkt oder dem Querschiff vor=

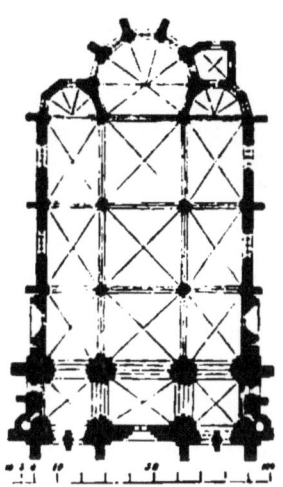

Fig. 18. Wiesenkirche zu Soest erbaut 1313—1369.

liegen, oder mag er dreischiffig angelegt sein, was bei sehr großer Kom munikantenzahl sich empfiehlt, die Umfassungsmauern an die Innenseite der Pfeiler hereinzieht, worauf man zwischen die Strebepfeiler äußerlich an den der Achse parallelen Seiten des Chors die nötigen Nebenräume ein schieben, an dem eigentlichen Chorschluß aber dieselben weglassen kann, denn auch hier gilt natürlich das gegen die äußerliche Nachahmung der Radialkapellen in § 41 Gesagte. Da die nähere Gestaltung dieser Anlage jedoch dem Aufbau angehört, so wird darüber noch in § 44 zu handeln sein. Bei Anlehnung an den Grundriß der Wiesenkirche zu Soest (Fig. 18) lassen sich durch Abschließung der Seitenchorschlüsse die Nebenräume ge winnen. Auf weitere Exemplifikation sei hier verzichtet: die Mannigfaltig keit dreischiffiger gotischer Kirchengrundrisse ist bekanntlich eine außerordent lich große. Fünf= oder siebenschiffige Anlagen, denn auch solche sind vor handen, eignen sich für die Zwecke der evangelischen Kirche nicht.

§ 43.

Wirkliche Zentralanlagen widerstreben der Ausführung in gotischen Formen noch mehr als im romanischen Stile. Die Grundrißbildung würde dabei die geringsten Hindernisse bieten. Die zu wählenden Grundrißformen würden hier fast dieselben sein können, wie in § 36 erwähnt; ja es ließen sich bei der großen Elastizität in der Raumteilung noch viele andere konstruieren. Die Hauptschwierigkeit für das Entwerfen solcher neuer Bauten, wie die Hauptursache, daß die vorhandenen älteren nicht zur Nachahmung aufmuntern, liegt aber teils im Aufbau, teils in der mehrerwähnten, der Gotik eigenen Überleitung des Druckes auf einzelne Stellen, welche zwar auf die Raumteilung befreiend wirkt, im Aufbau aber größte Rücksicht verlangt.

Der Umstand, daß die Gotik den höchsten Glanz in denjenigen Teilen der großen Kathedralen entfaltet hat, welche dem Zentralbau am nächsten stehen, in dem vielgliedrigen Chorschluß mit seinem Umgang und daran gereihtem Kapellenkranz, führt leicht zu der Vermutung, daß sie dem Zentralbau günstig sei. Das häufigst angeführte Beispiel eines gotischen Zentralbaus, die Liebfrauenkirche in Trier, ist nur scheinbar ein solcher, in der That eine Kreuzkirche mit ausgefüllten Zwickeln. Wirklich gotische Zentralbauten sind entweder in der Ausführung mißlungen oder gar unvollendet gelassen worden. Auch neue Versuche haben kein günstiges Resultat gehabt. Infolge der Art und Weise, wie die Überleitung des Druckes stattfinden muß, nämlich von der Mitte nach der Seite abwärts, und infolge des zum Teil hierauf begründeten Wachsens der inneren Teile über die äußeren würde ein gotischer Zentralbau nur einen genau in der Mitte stehenden Gegenstand als Zielpunkt haben können. In der evangelischen Kirche aber kann der Zielpunkt, der Altar, nicht in die Mitte, sondern nur an das Ostende gestellt werden, und selbst die Kanzel kann unmöglich in der Mitte Platz finden. Darum zeigen alle gotischen Zentralbauten eine Verschiebung des Schwerpunktes, eine Nichtübereinstimmung zwischen Grundriß und Aufbau.

§ 44.

Wie bei den romanischen, so ist auch bei den gotischen Formen hinsichtlich der Anordnung des Aufbaus in erster Linie maßgebend die Raumbeschaffung, wobei im Vorbergrunde stehen die Emporen. Zu dem über diese bereits oben § 37 Bemerkten kommen hier noch einige Erwägungen bezüglich der von manchen behaupteten, in der That aber nicht völligen Unverträglichkeit der Emporen mit dem Wesen der Gotik.

In derselben Zeit, in welcher die Gotik aufblühte, jedenfalls zum Teil unter dem Einfluß der stilistischen Wandlung, zum Teil aus denselben liturgischen Gründen, welche diese Wandlung förderten, schrumpften die Emporen, wo sie nicht total wegfielen, in einen schmalen Umgang zusammen, der sich häufig in jedem Joch in einer Drillingsöffnung nach dem Mittelschiff zu öffnete und daher den Namen Triforium führt. Er lag in der Mauerstärke in der Höhe des Seitenschiffbaches und diente teils zur Kontrollierung des Gebäudes, teils zur Befestigung von Festdekorationen. Manche haben ihn bei dem Bau neuer evangelischer Kirchen in gotischem Stil wieder zu beleben versucht, doch ist das nicht zu empfehlen, da er für den Zweck der Emporen zu hoch liegt, wenn man nicht die Seitenschiffe unschön niedrig macht, auch im Verhältnis zu der durch ihn verursachten Kostensumme und Störung der Verhältnisse zu wenig Raum gewährt. Bietet sonach die Frühgotik kein haltbares Vorbild für die Emporen, so ist in der Spätgotik das allerdings der Fall. Die sächsische Hüttengruppe, welche sich seit 1459 von der Straßburger Hegemonie zu befreien strebte, schuf ein System von zwischen eingezogenen Strebepfeilern gespannten Emporen, welches geradezu großartige Gestaltung in den fünf von jener Hüttengruppe geschaffenen großen Kirchen zu Annaberg, Freiberg, Brüx, Schneeberg und Zwickau, aber auch in Dorfkirchen, z. B. in Langhennersdorf (1520) und Ruppertsgrün (1515) originelle Durchführung gefunden hat. Das im Dom zu Bremen gewählte Auskunftsmittel, die Emporen als provisorisches Schwebegerüste zwischen die Pfeiler aufzuhängen, ist schlechthin zu verwerfen. Hölzerne Emporen, als auf Kopfbändern vorgekragte Verbreiterung des obenerwähnten Mauerganges, erscheinen ebenfalls wie ein provisorisches Flickwerk, was bei hölzernen Emporen auf Säulen immer noch weniger der Fall ist, für welche es ebenfalls genügende Vorbilder gibt.

§ 45.

Bei der formellen Gestaltung des Aufbaus hat man sich noch sorglicher, als in § 37 erwähnt, von der Vermengung zeitlich verschiedener oder national getrennter Formen zu hüten, da die Formen der Gotik in der langen Zeit der Herrschaft dieses Stils sich mehr änderten und bei den verschiedenen Völkern schärfer national, außerdem aber auch vielfach lokal eigentümlich sich ausbildeten. Die Befreiung von der Beengung durch den Rundbogen bezüglich der Spannweiten und von dem Horizontalismus bezüglich der Anfangshöhen der Bögen erleichtert und be-

seitigt so manche Schranken, darf aber nicht zu weitgehend aus=
gebeutet werden, um nicht in Unruhe und Willkür zu führen. ·
Gleiche Vorsicht ist gegenüber der Möglichkeit sehr schwacher
Stützen und sehr vieler und großer Fenster zu beobachten, um
nicht das Gefühl der Unsicherheit und den Charakter des Glas=
hauses heraufzubeschwören. Ebenso hüte man sich vor der sehr
nahe liegenden Versuchung, zu reiche Dekoration anzuwenden.
Die Forderung, daß alle Dekorationsformen den wahrhaften
Ausdruck für die Funktion der betreffenden Teile bilden sollen,
und daß jede Konstruktion auch formell zum Ausdruck gelangen
soll, stellt die Gotik noch energischer als der romanische Stil.

Für den formellen Aufbau des Äußern bieten auch hier die alten
Bauten hinlänglich Vorbilder. Nur wähle man als solche weder die großen
Dome noch die Ordenskirchen, sondern solche Kirchen, die als Pfarrkirchen
gebaut sind. Sie stehen in der Art des Zwecks und demgemäß auch in
der Disposition der uns vorliegenden Aufgabe am nächsten und sind auch
wenigstens zum großen Teil nicht mit dem überschwenglichen Reichtum aus=
gestattet, welcher dem Geiste der evangelischen Kirche widerspricht. Die
Strebepfeiler springen in der Regel weit vor; nur selten sind die Beispiele,
wo sie völlig eingezogen sind und äußerlich ganz verschwinden. Die Fenster
sind größer und schlanker als in romanischen Kirchen und meist durch
Pfosten in zwei oder mehrere Lichten geteilt, die im Bogen mittels Maß=
werk sich zusammenschließen. Wo Emporen angelegt sind, findet sich auch
an alten Bauten unter den Hochfenstern eine Reihe niedriger Fenster,
meist von jenen durch einen Gurtsims getrennt, der wohl auch, weil die
Mauerstärke über den Emporen abnimmt, zum Kaffsims wird. Ist der
Lichtgaden (bei Basilikalanordnung) sehr hoch, so geschieht die Überleitung
des Drucks vom Mittelgewölbe nach den niedrigeren Strebepfeilern der Seiten=
schiffe durch Strebebögen (fliegende Streben, Schwibbögen). — Um die
Drucklinie noch steiler zu führen, als sie schon durch den Spitzbogen wird,
sind die Strebepfeiler über den Angriffspunkt des Drucks entsprechend hin=
aufgeführt und enden in Belastungstürmchen (Fialen), welche natürlich
auch auf den Eckstrebepfeilern, hier zugleich als Flankierung der steilen
Giebel, erscheinen. Der Bogenfries erscheint nicht immer, aber doch noch
oft sowohl unter dem Hauptsims, als ansteigend entlang den Giebelschenkeln.
Fenster= und Thürbögen bekommen oft, namentlich von 1350 an, eine eigene
Bedachung, teils in der Form, daß ein Kämpfersims sich aufwärts kröpft
und den Bogen konzentrisch umzieht oder im Viereck einfaßt (Überschlagsims),
teils in Form von Giebeln, sog. Wimpergen (Windbergen). Die Schenkel
der Giebel und Wimperge, die schlanken Fialendächer (Riesen) und die größeren

maſſiven oder durchbrochenen Turmhelme werden mit Kriechblumen (Krabben) beſetzt, deren oberſte ſich zu einer Kreuzblume vereinigen. Die Schutz=ſimſe bekommen tief unterſchnittene Hohlkehlen, um das Waſſer abzutraufen, deſſen Hauptmaſſe in Rinnen geſammelt und durch Waſſerſpeier weit abgeworfen wird. Die Pfeiler werden noch lebendiger gegliedert als im romaniſchen Stil. Das Kapitäl wird im Anfang noch als Kelchkapitäl, bald ſehr gern als Knoſpenkapitäl geſtaltet, bis die Blätter und Knoſpen ſich zu ganz freiem, oft durchbrochen angelegtem Laubwerk ausbilden. Der Kämpfer=würfel wird kecker und leichter im Profil, oft polygon oder rund im Grundriß oder folgt in letzterem dem Profil der aufſitzenden Rippe. Bei wagerechten und ſteigenden Simſen, wie bei Bögen wird die Gliederung zwar in den Hauptgliedern wieder lang durchgeführt, aber in der bei immer kecker werden=den Profilierung faſt nie fehlenden Hohlkehle mit durchbrochenem Rankenwerk oder mit wiederkehrender Beſetzung (Blumen, Köpfe, einzelne Blätter, Kugeln, Ballen ꝛc.) verſehen, welche die Zuſammenſetzung aus einzelnen Steinen in die Erinnerung ruft. Wo geeignetes Material zu haben iſt, wird auch der Farbenwechſel benutzt, jedoch in feinerer Weiſe, nicht bloß an Schichten ge=bunden, und bildet ſich ſo zur Polychromie aus. Das Prinzip, die Laſt oben zu zerteilen und, je näher der Erde, umſomehr auf einzelne Punkte zu konzentrieren, führt zu Durchbrechung der Turmhelme, zu Fortpflanzung der Laſt in (bei der gewöhnlichen Anlage acht) Eckſchäften und Überleitung der Laſt von dieſen mittelſt ſchwebender Streben oder anderer ähnlicher Mittel auf die vier Ecken des Unterbaues.

Auch beim inneren Aufbau tritt, wie an der Verwandlung der Säulen in Bündelpfeiler, ſo an der Teilung der Gewölbe in Fache durch Haupt=rippen und Zweigrippen (Liernen) das Prinzip der Teilung und Überleitung hervor und damit zuſammenhängend der Vertikalismus. — Die wenigen bei ſolch konſequenter Gliederung der Maſſen noch bleibenden Flächen werden bemalt oder mindeſtens polychrom geſchmückt, in geſättigten oder doch ruhigen Farben, während die aktiven Teile in lebhafter, kräftiger Färbung ausge=zeichnet werden.

§ 46.

Was die techniſche Ausführung des Aufbaus anbetrifft, ſo iſt auf das ſchärfſte zu verwerfen jede Scheinkonſtruktion, jedes unſolide Material. Aber auch hier iſt zu beachten, daß nicht ſklaviſche Nachbildung alter, ſondern die Schöpfung neuer Bauten für Gegenwart und Zukunft als Aufgabe geſtellt iſt, und daß daher neue Konſtruktionen und Materialien, wenn ſie im Geiſte der Alten verwendet und geformt werden, völlig zu=läſſig ſind.

Bei der technischen Ausführung gilt betreffs der neuen Konstruktionen sowie betreffs der Wahrhaftigkeit das in § 37 Gesagte hier noch in verschärftem Maße. In technischer Beziehung ging das Hauptstreben der alten Meister auf thunlichste Verminderung der Masse verwendeten Materials und die Zerteilung und Überleitung der Last und des Gewölbdrucks war eines der wesentlichsten, aber nur eines der vielen Mittel zur Erreichung jenes Zieles. Jede neue Erfindung und Entdeckung wurde zu diesem Zweck ausgenutzt, so z. B. die Kompensation der Längenveränderung von Eisen und Messing, die Erkenntnis vom Einfluß der Fugenrichtung auf die Lenkung der Druck- linie und viele andere Entdeckungen, deren Besitz seitens der Meister der Gotik den Kunsthistorikern 2c. noch vielfach unbekannt ist. Durch Forschung nach dieser Richtung würde der Kreis der jenen vermeintlich nicht be- kannten unter den jetzt zu Gebote stehenden Konstruktionsmitteln wesentlich vermindert und die Möglichkeit, die übrigen im Geiste unserer Väter an- zuwenden, gesteigert werden.

§ 47.

Hier, wie beim romanischen Stil, geben wir (Taf. II) einen Entwurf, nicht als Vorbild zu schematischer Befolgung, sondern als Mittel zu Veranschaulichung des Gesagten und zu Klar- legung der Art, wie man es anwenden kann. — Sowie der Grundriß (Fig. 19) aus zwei nicht zusammengehörigen Hälften besteht, indem die linke Seite eine Kirche mit ziemlich breiten Seitenschiffen, mit gerabstehenden Eckstreben und einen in hal- bem Sechseck geschlossenen Chor zeigt, die rechte hingegen ein schmales Seitenschiff mit eingezogenen Strebepfeilern, diagonal stehende Eckstreben und einen über fünf Seiten eines Achtecks konstruierten Chor besitzt, wobei die Emporen die Seitenschiffe völlig ausfüllen, so sind auch in der Ansicht diese beiden Arten der Anlage und verschiedene Manieren des Aufbaues zusammen- gestellt, wobei freilich unsymmetrische Bilder entstanden.

Zu Erläuterung der Abbildung diene folgendes:

A ist die Nordseite einer Kirche nach der linken Hälfte des Grundrisses; B die halbe Westseite dieser, mit C, der halben Westseite einer Kirche nach der anderen Hälfte des Grundrisses, zu einer Zeichnung vereinigt, wobei dem Turm eine andere Entwickelung gegeben ward, wie bei A; bei C ist auch das Treppentürmchen minder hoch aufgeführt als bei B. D ist die Ost- ansicht nach der rechten Hälfte des Grundrisses, E nach der linken; bei D

Aufbau in gotischem Stil.

Tafel II.

find die Fenster mit Wimpergen versehen, bei E nicht. — Ebenso zusammen-
gestellt ist der Durchschnitt F G, indem F den Aufbau einer Hallenkirche
über der linken Grundrißhälfte, G den einer Basilikalkirche über der rechten
Grundrißhälfte zeigt. Bei F sind die Emporenbrüstungen in Holz auf spitzem
Stichbogen gedacht wie das aus H, dem zu F gehörigen Längendurchschnitt, er-
hellt. Bei G ruhen steinerne Brüstungen auf Spitzbogen mit Zwischenstützen
wie das bei dem zugehörigen Stück J des Längenschnitts zu ersehen ist. K ist
der Längendurchschnitt eines Joches mit Holzdecke nach dem Querschnitt M.
Hier sind die Emporen ganz von Holz kon-
struiert und würden etwa nach K¹ gestaltet werden können. — L ist der Längenschnitt eines
Joches mit Gewölbdecke nach dem Querschnitt N
und der rechten Hälfte des Grundrisses; hier
sind die Emporen von Stein, in der Weise wie
in Zwickau, Annaberg, Ruppertsgrün ꝛc. konstruiert und würden sich etwa nach L' gestalten.
Eine Vergleichung von K mit L, von M mit
N ergibt, wie bei Holzkonstruktion gleiche
Innenhöhe mit niedrigerem Mauer- und Dach-
werk erreicht werden kann.

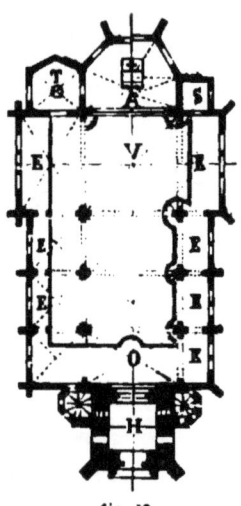

fig. 19.

O zeigt einige Sockelprofile, P eine Reihe
von Kriechblumen und zwar links frühere, rechts
spätere; Q veranschaulicht die Bildung der Pfeiler-
bündel mit Diensten. R giebt zwei Dienste
früherer und späterer Zeit mit Säulenbunden
(Teilungsringen), die künstlerisch zu Milderung
der übermäßigen Schlankheit, technisch zu Ge-
winnung festeren Verbands dienten. S zeigt eine frühere und eine spätere
Kreuzblume, T ein Eisenkreuz, U eine Wetterfahne. V eine Fiale, nach
der Quadratur konstruiert; W zwei verschiedene Maßwerkanordnungen für
Zweilichtenfenster, XX vier verschiedene Bogenprofile, Y drei Kaffsimse und
zwei Gurtsimse und Z zwei verschiedene Hauptsimsgestaltungen. Mit alledem ist natürlich der Formenreichtum der Gotik kaum angedeutet, geschweige
denn erschöpft.

§ 48.

Neben der wichtigsten Aufgabe, die sie am und im vollständigen Gotteshause findet, hat die kirchliche Kunst noch ana-
loge zu lösen, nämlich die Herstellung von Kapellen, seien
es Friedhofskapellen oder Betsäle oder Schloßkapellen. Alle diese
sind natürlich in dem Stile und dem Charakter zu halten, welcher

für das Pfarrkirchengebäude maßgebend ist, die beiden letzteren auch in der Anlage den Pfarrkirchen ähnlich. Für Friedhofs= kapellen empfiehlt sich eine strenger zentrale Anlage, indem hier der in der Mitte aufzustellende Sarg den Mittelpunkt der Hand= lung bildet.

Schloßkapellen sind Kirchen für den Gebrauch einer größeren Haus= haltung, Betsäle sind entweder interimistische Versammlungsräume, die in irgend einer Zeit einmal durch ein wirkliches Kirchengebäude ersetzt werden sollen, oder ebenfalls wirkliche Kirchen für den Gebrauch einer abgeschlossenen Anstalt, in welcher fast alle pfarramtlichen Handlungen vorgenommen werden. Daraus ergibt sich als selbstverständlich, daß die für die evangelische Pfarr= kirche geltenden Normen auch hier möglichst Berücksichtigung erfahren müssen. Demnach ist auf jene einfach zurückzuweisen. Die Friedhofskapellen dagegen sind die Stätte für nur eine bestimmte kirchliche Handlung und gestalten sich nach Maßgabe dieser. Ihr Charakter soll ein ernster, aber nicht düsterer sein; es darf nicht vergessen werden, daß für den Christen der Tod seine Schrecken verloren hat. Was die Bauart anbetrifft, so soll in jedem Fall die neuerdings vielfach beliebt gewordene Form antiker Tempel oder Mausoleen vermieden werden. Am geeignetsten ist ein Zentralbau mit rundem oder polygonem Grundrisse. Doch hüte man sich, demselben eine zu geringe Höhe oder einen stumpfen Abschluß zu geben, denn dadurch wird die religiöse Symbolik verletzt und die künstlerische Wirkung abgestumpft. Will man keinen Zentralbau, so greife man zu einer basilikalen Anlage in kurzem Grundrißverhältnisse. Schwie= rigkeiten bietet die dekorative Ausstattung des Innern. Wenn nicht tüchtige Kräfte zur Verfügung stehen, so ist möglichste Beschränkung geboten. Als bildliche Darstellungen eignen sich: der auferstandene Christus mit der Kreuzesfahne; die Himmelfahrt, Christus auf dem Regenbogen thronend, das Weltgericht. Von symbolischen Darstellungen können hier angewandt werden: Krone, Palme, Phönix. Am Platze sind auch Sprüche, wie 1 Kor. 15, 55; 2 Tim. 1, 10; Phil. 1, 21; Offenb. Joh. 2, 10; 14, 13; 21, 4; Römer 8, 18; Hebräer 9, 27; Matth. 18, 11; Eph. 1, 7 u. a. Wort und Bild müssen direkte Beziehung auf Erlösung, Auferstehung und ewiges Leben haben. Heidnische Darstellungen wie Schmetterlinge, Genien mit umgewendeter Fackel, Cypressen sind durchaus zu vermeiden, ebenso trauernde Engel (ein unnatürliches Gemisch aus Heidnischem und Christ= lichem!) und der Tod in der Gestalt eines Gerippes; denn diese Fassung erscheint erst gegen Ende des Mittelalters in der christlichen Kunst und ent= spricht nicht der christlichen Beurteilung des Todes. Will man den Tod personifizieren, so wähle man die ältere Darstellungsform: ein Gärtner, der den Garten ausjätet, oder knüpfe an Offenb. Joh. 6, 8 an.

O. M.

Vierter Teil.

Die innere Ausstattung des evangelischen Kirchengebäudes.*)

§ 49.

Bereits die ältesten christlichen Kirchen haben Bilder-schmuck, der sich zwar anfangs noch innerhalb gewisser Grenzen hielt, aber bald sich bereicherte und im Mittelalter zu voller Blüte gelangte und nicht nur am Kirchengebäude, son-dern auch an dem Mobiliar desselben sich entfaltete.

Religiöse Malereien lassen sich in der Christenheit schon gegen Ausgang des 1. Jahrhunderts nachweisen (Katakomben in Neapel und Rom). Im 3. Jahrhundert ist bereits ein reicher Cyklus symbolischer und historischer Darstellungen vorhanden (vgl. z. B. Schultze, die Katakomben, S. 87 ff.). Die Basiliken des 4. Jahrhunderts haben einen Teil davon entnommen oder sich neue Motive geschaffen. In der Regel wurde die musivische Technik angewandt. Berühmt ist der Mosaikschmuck der Sophienkirche in Konstan-tinopel, von St. Vitale in Ravenna, S. Maria Maggiore, S. Cosma e Damiano in Rom u. a. — Der romanische Stil forderte mit seinen großen Wandflächen und starken Pfeilern die Mitwirkung der Malerei und Plastik, die beide in weitgehender Weise zur Verwendung kamen. Weniger günstig war der ersten dieser Künste die Gotik, insofern sie die großen Flächen zerteilte. Um so bereitwilliger gab sie die vasa sacra und das übrige kirch-liche Mobiliar der Malerei und Plastik preis. So schuf sich das Mittel-

---

*) Über das Geschichtliche vgl. die §§ 7. 10. 13. 52.

alter einen Bildercyklus mit einer fast unübersehbaren Fülle von Einzel=
heiten, reich an religiöser Empfindung. Die heilige Schrift, die kirchliche
Glaubenslehre, die thatsächlichen kirchlichen und religiösen Verhältnisse, die
Legende, auch die Antike teilweise, lieferten das Material. Auf diese Weise
wurde das Kirchengebäude und seine Teile sinnvoll belebt und sein kirch=
licher und religiöser Charakter noch mehr herausgestellt.

§. 50.

Auch das evangelische Kirchengebäude soll des plastischen
und malerischen Schmuckes nicht entbehren. Mit der Archi=
tektur sollen hier die Schwesterkünste in edeln Wetteifer treten.
Doch gilt wie von jener, so von diesen, daß sie den Anschluß
an die Tradition d. h. in diesem Falle des Mittelalters fest=
halten. Im einzelnen bestimmt sich die Wahl und die Detail=
ausführung der Darstellungen nach der Norm des evangelischen
Bekenntnisses, welches hier deutlicher noch betont werden kann
als in der Architektur.

Was oben (§ 15) über das Verhältnis der evangelischen Kirche zur
Kunst bemerkt wurde, gilt selbstverständlich auch in Beziehung auf Malerei
und Plastik. Es liegt nicht nur kein Grund vor, Bildwerke von dem evan=
gelischen Gotteshause fernzuhalten, sondern es ist eine unumgängliche For=
derung, mit den Mitteln derselben die Architektur in ihrer Wirkung zu
unterstützen, ja diese letztere erhält in diesem Falle erst durch jene ihre Ver=
vollständigung. Der Engherzigkeit der Reformierten und der Bilderstürmerei
gegenüber hat auch hier Luther den Standpunkt der evangelischen Freiheit
gewahrt: „welche Bilder aufgerichtet sind oder darzu gebrauchet werden, daß
man darauf baue und einen Gottesdienst anrichten will, die reiße weg.
Aber die andern Bilder, da man allein sich drinne ersiehet, vergangener
Geschichten und Sachen halber, als in einem Spiegel, das sind Spiegel=
bilder, die verwerfen wir nicht.“ — Das evangelische Gotteshaus kann so=
wohl Statuen und Reliefs wie Mosaik und Malereien vertragen; die inneren
Flächen, die Fenster, der Altar, die Kanzel, das Taufbecken, das Gestühl rc.
bieten sich dazu dar. Doch muß natürlich die Einheitlichkeit des Stils
gewahrt und Überreichtum vermieden werden. — Als allgemeine Regel
in Beziehung auf die Auswahl der Bildwerke gilt, daß diese zu dem Stile
des Gebäudes in Harmonie stehen. Man kann eine gotische Kirche nicht
mit altchristlichen Malereien und Reliefs füllen. Ferner ist in jedem
einzelnen Falle eine genaue Prüfung geboten, ob die Darstellung etwa
in Widerspruch steht mit dem evangelischen Bekenntnisse. Denn während
in der mittelalterlichen Architektur der konfessionelle Charakter nur in

unwesentlichen Einzelheiten sich äußert, die sich leicht korrigieren lassen, ist er in der Malerei und Plastik des Mittelalters sehr entschieden zur Erscheinung gekommen. Man hat sich hier vor allzugroßer Weitherzigkeit, aber auch vor allzugroßer Engherzigkeit zu hüten.

§ 51.

Zulässig sind in jedem Falle die biblischen Figuren, die passend durch die ihnen zukommenden Attribute bezeichnet werden, ebenso die Darstellung der drei göttlichen Personen in der durch die Tradition vorgeschriebenen Weise. Auch die mittelalterliche Symbolik bietet zahlreiche Stücke, deren Aufnahme kein Bedenken gegen sich hat. Sehr wünschenswert ist es endlich, daß die evangelische Gemeinde sich wiederum mit der biblischen Typologie vertraut macht.

Die Frage, wie der Bildercyllus abzugrenzen sei, ist leichter zu beantworten, als auf den ersten Blick scheint. Über die Aufnahme biblischer Gestalten kann keine Meinungsverschiedenheit obwalten, ebensowenig über die Abweisung der Heiligenfiguren. Außer den in der Heiligen Schrift gegebenen menschlichen oder außermenschlichen Persönlichkeiten ist in der evangelischen Kirche kein Bild in menschlicher Gestalt zulässig. Diesem Urteile unterliegen auch die Lutherbilder, noch mehr die Bilder der Pfarrer oder anderer Persönlichkeiten, die zu der betreffenden Kirche in irgend einer geschichtlichen Beziehung stehen. Der geeignete Ort dafür ist die Sakristei; sie dürften nicht einmal in der Vorhalle zu dulden sein. Ein anderes ist es, ob solche mittelalterlichen (aber nur solche können in Betracht kommen) Bildwerke in der Kirche bereits mitgegeben sind: dann sollen sie pietätsvoll bewahrt werden, wenn sie nicht dem evangelischen Glauben geradezu anstößig sind (z. B. Darstellungen der im Fegefeuer schmachtenden Seelen oder Maria mit dem Gnadenmantel). — Die Darstellung Gottes in menschlicher Gestalt wird besser vermieden; eine aus den Wolken gestreckte Hand mag, wie in der alten Kunst, die Gegenwart Gottes andeuten. Der Heilige Geist wird unter dem bekannten Symbole der Taube, die Heilige Dreieinigkeit unter dem Bilde des gleichseitigen Dreiecks begriffen. Bei den Engeldarstellungen soll die Kindergestalt vermieden werden; geflügelte Engelköpfe sind eine Spielerei, welche der ernsten kirchlichen Kunst wenig ansteht. — Daneben ist der reiche Schatz der symbolischen Darstellungen der alten Kunst zu berücksichtigen. Von den altchristlichen Symbolen können indes nur solche erneuert werden, welche auch in das Mittelalter eingegangen sind, wie

der Weinstock, das Lamm, das Kreuz, der Phönix (Auferstehung),
Palme (Sieg über den Tod). Ganz abzuweisen sind dagegen als durch=
aus unverständlich der Fisch (*Ιχθύς* = Christus) und das bekannte Mono=
gramm Christi; auch der gute Hirt gehört nicht in das Gotteshaus. Aus
der Fülle symbolischer Darstellungen des Mittelalters seien als geeignet an=
geführt: Ähren (die geweihte Hostie), Kelch, Lilie (Keuschheit), Drache
(„der alte böse Feind"), Hahn (Wachsamkeit), Pelikan (Opfertod Christi),
Hirsch (Pf. 42; in altchristlicher Zeit sehr beliebt in den Baptisterien, wo
er das Verlangen nach der Taufe symbolisiert), Löwe (Christus). Unter
Typologie ist die Beziehung alttestamentlicher und neutestamentlicher Per=
sonen und Geschichten zu einander in der Bedeutung von Weissagung und
Erfüllung, von Andeutung und Vollendung verstanden. Die mittelalterliche
Kunst hat die Typologie sehr gepflegt; in dem Gotteshause tritt sie uns
vorzüglich in den Glasgemälden entgegen. Unseren Gemeinden ist das
Verständnis dieses tieferen Zusammenhanges zwischen Altem und Neuem
Testamente so gut wie verloren gegangen; daß dasselbe aber einen hohen
religiösen Wert hat, liegt auf der Hand. Es dürfte leicht sein, der Gemeinde
dazu wieder zu verhelfen. Die Predigt und der katechetische Unterricht bieten
leicht Gelegenheit, die etwa vorhandenen typologischen Darstellungen in ihrer
Bedeutung zu enthüllen. Natürlich wird man die einfacheren, deren In=
halt sofort klar wird, auswählen: Opfer Isaaks = Opfertod Christi; Auf=
fahrt Eliä = Himmelfahrt des Herrn; Durchgang durch das rote Meer =
die Taufe; die Gaben Melchisedeks = das Heilige Abendmahl u. s. w. Auch
Personifikationen können verwendet werden: die Kirche (ein Weib mit
Krone, Kreuzesfahne und Kelch), das Judentum (ein Weib mit verbun=
denen Augen, in der Hand einen zerbrochenen Speer), der Glaube, die
Liebe, die Demut u. s. w. Das Mittelalter bietet zahlreiche Muster.
3. vergl. Piper, Mythologie und Symbolik der christl. Kunst, 2 Bände.
Weimar 1877 ff. Dazu [Helmsdörffer], Christliche Kunstsymbolik und
Ikonographie, Frankf. 1839; Wessely, Ikonographie Gottes und der Hei=
ligen. Leipz. 1874. Eine reiche Fundgrube mittelalterlicher kirchlicher Dar=
stellungen sind die Mélanges d'archéol. von Martin und Cahier (Paris
1847 ff.).   V. S.

§ 52.

Es ist selbstverständlich, daß die inneren Wandflächen
des evangelischen Kirchengebäudes einen feierlichen Schmuck
tragen, der seinerseits und in seiner Weise dazu beiträgt, das
Ideal der heiligen Kunst, wie sie am Gotteshause sich bethätigt,
zum rechten Ausdruck zu bringen. Es ist hierauf um so mehr zu
halten, da die Gemeinden, durch die Geschmacklosigkeit des letzten

Jahrhunderts an das Schlechte gewöhnt, im allgemeinen wenig
Verständnis und Wohlwollen für eine lebendige, farbige Dekoration
des Innenraumes haben. Die kirchliche Tradition mag als Weg=
weiser bienen, doch nicht so, daß sie als schlechthin maßgebend
erachtet werde. So sehr sie in ihrer Voraussetzung und For=
berung recht hat, so hat sie doch nicht in allen Fällen das
richtige Prinzip in richtiger Weise durchgeführt.

Leider mit vollem Recht klagt Meurer in seinem vortrefflichen, schon
mehrfach citierten Buche, S. 165:

„Am Äußern der Kirche werde farbige Wirkung durch das ver=
wendete Material selbst erzielt und nur im Falle des Bewurfs nehme man
Abfärbung desselben zu Hilfe, pflege sich aber babei auf einen matteren
Steinton zu beschränken. Erst im Innern trete die Farbe ihr eigentliches
Regiment an. Dies werde ihr aber vielfach streitig gemacht, ja es fehle
nicht an solchen, welche alle und jede Farbe verbannen und die gesamte
innere Kirche samt allem Gerät in glänzendes Weiß kleiden möchten. Es
sei bekannt, wie der Pinsel des Maurers und Lackierers in manchen Kirchen
gehaust habe x.."

Er irrt freilich darin, daß er diese Weißungssucht als überstanden und
vergangen bezeichnet, während sie leider in vielen Gegenden noch jetzt grassiert.
Noch im vorigen und diesem Jahre geschah es, daß Kirchenvorstände, in
direktem Widerspruch mit Vorschriften der kirchlichen Oberbehörde, Marmor=
säulen, Sandsteinpfeiler und Holzemporen mit gleicher, ziemlich grauer, bezw.
weißer Farbe anstrichen, das Äußere aber mit himmelblauen Eckquadern
versahen. Mit Recht bemerkt Meurer weiterhin, es sei arger Mißverstand,
wenn jemand das tötende Einerlei der durch und durch weiß angestrichenen
Kirche als evangelische Einfachheit preisen und zum Kennzeichen unserer
Konfession stempeln wolle. Wäre Farblosigkeit Einfachheit und Schönheit,
so müßte es auch Formlosigkeit sein, und dann wäre es ganz überflüssig,
über Kirchenbau und Kirchenschmuck überhaupt noch zu sprechen. Leider
motiviert er diesen Ausspruch nur mit ästhetischen und ethisch=psychologischen
Gründen.

Es spricht aber auch das kirchliche Herkommen für die farbige Aus=
stattung und gegen die weiße, bläulich=weiße und die leider so sehr beliebte
„steingrüne" eintönige Abtünchung der Wände, die mit zu den traurigen
Früchten der sog. „Aufklärung" gehört.

Hier gilt es darüber zu belehren, daß das Haus, in welchem wir unserem
Gott nahen, uns über die Alltagsstimmung weltlichen Getriebes zu festlicher
Gebetsstimmung erheben soll und daher so festlich und schön geschmückt sein
muß, als die Mittel es irgend erlauben, und daß die Christenheit von jeher
danach gestrebt hat. Das Innere der altchristlichen Basilika erglänzte im

5*

flimmernden Schmuck der goldgrundigen Mosaiks und der buntgeaderten
Marmortäfelungen, und wo man hierzu die Geldmittel nicht hatte, oder
wo die rauhere Natur des Nordens das bunte Material versagte, da half man
sich mittels der Farben, und weder die zum römischen Katholizismus entwickelte
lateinische noch die griechische Kirche verzichtete auf den farbigen Schmuck
des Innern. Es gehört zu den unterscheidenden Merkmalen zwischen Luther=
tum und Calvinismus, daß letzterer die Farblosigkeit adoptiert hat. Wenn
sonach das kirchliche Herkommen der evangelischen Kirche Farbe verlangt, so
stellt außerdem die Stilregel dieselbe Forderung.

Im byzantinischen Stil erhob sich die Polychromie zu überreicher Aus=
stattung der Wand= und Gewölbflächen, sowie der etwaigen Balkendecke mit
figürlichen Darstellungen, abwechselnd mit Ornamentenstreifen und begrenzt
durch architektonisch gegliederte Feldereinteilung. Die unangenehme Wirkung
der teils sehr dunkel, eintönig gefärbten Ornamente, teils sehr greller und
leuchtender Farben wurde durch oft minutiös kleine Teilung gemindert.
Verirrungen zu der Nachahmung unmöglichen Materials, z. B. hellblauen
oder rosenroten und maigrünen Marmors, und andere Mißgriffe zeugen von
mehr Prachtliebe als Farbensinn. Ähnliches zeigen die Reste an langobar=
dischen und fränkischen Bauten. Der romanische Stil brachte auch hierin
Klärung. Grelle Kontraste, unzarte, hauptsächlich auf Prunk berechnete
Farbenzusammenstellungen werden seltner, freilich die Farben auch oft weniger
lebendig, ja hier und da tot. Weiß und schwarz stehen oft scheinbar un=
motiviert zwischen den bunten Farben. Freilich ist zu bedenken, daß Bei=
spiele im ganzen selten erhalten sind, und daß gerade die vielleicht feiner
gestimmten Ausmalungen großer Kirchen oft der verändernden Erneuerung
unterlagen. Soweit unsere infolgedessen lückenhafte Kenntnis zur Anleitung
dienen kann, sollen die meist breiten Wandflächen und Gewölbfelder in
romanischen Kirchen zunächst in einer den Organismus des Baues aus=
sprechenden, also Stützstreifen und Ausfüllungsflächen scheidenden Zeichnung,
in Felder geteilt werden. Diese Felder sind in ruhigen, milden, ernsten,
aber durchaus nicht düsteren und schmutzigen Farben entweder glatt zu
streichen oder mit wiederkehrenden Mustern (Streifen, Netzwerk, Streumuster
und dergleichen) im Flächenornamentcharakter, anschließend an Textilmuster,
ohne deren Schein anzustreben, auszufüllen. Die aufrechten, Pfeiler oder
Lisenen andeutenden Streifen sind etwas heller zu halten, mit dunkleren
oder in lebhafterer Farbe strahlenden Linien oder aufstrebenden Kämtchen zu
säumen und zu besetzen, sollen aber entfernt nicht durch „Schatten“ und
„Licht“ als scheinbar à relief gearbeitet erscheinen; überhaupt ist auch hier
alle Lüge zu vermeiden. Dahin gehört auch die streng zu verpönende Auf=
malung von Quaderfugen, Wölbfugen ꝛc. auf Putz. Aller Putz ist stets als
einheitlicher Flächenüberzug zu behandeln. Querstreifen können zwar von
einem Rundbogenfries begleitet sein, aber dann dürfen weder die Streifen
als abschattetes Gesims noch die Friesbögen als imitiertes Relief be=

handelt sein. An wirklichen Kapitälen, Simsen, Bogenfenstern u. s. w. kann die der Kosten wegen vielleicht weggelassene Besetzung mit Ornamenten Ballen, Nagelspitzen, Rauten und anderer Zier durch Aufmalung von Schellen, Blumen, Vierpässen, Ranken u. s. w. ersetzt werden, aber ebenfalls nur als Flächenornament, nicht in imitiertem Relief.

Wie nach allen, so auch nach dieser Seite hin erscheint die Gotik als Vollenderin, als Schlußentwickelung des Romanismus. Die zur Zeit des letzteren noch in den Kinderschuhen steckende, meist grau in grau oder doch nur in karger Reihe stumpfer Töne arbeitende Glasmalerei spannte ihre Prunkteppiche über die schlanken Fensteröffnungen, und die durch diese hindurchdringenden Sonnenstrahlen malten Wände und Fußböden. Weit entfernt aber davon, dadurch den eigenen Farbenschmuck dieser Flächen fortan für unnötig zu halten, steigerte man denselben. Die Wandflächen waren schlanker, höher und schmaler geworden. Die stumpfen Farben hätten hier nicht mehr genügt, das wiederkehrende Muster sich nur selten entwickeln können. Man wählte daher etwas intensivere, lebhaftere Farben und be=schränkte die Musterung auf solche Teile, wo sie sich entfalten konnte, z. B. Sockelstreifen, Brüstungsfelder unter den Fenstern u. s. w. Aber auch hier begnügte man sich unter dem Einflusse des Vertikalismus bald nicht mehr mit der bloßen Musterung, sondern ließ dieselbe als Muster eines Teppichs erscheinen, der, unten mit Fransen besetzt, in regelmäßigen Abständen zu Falten gerafft war. Dies trat in der Blütezeit der Gotik langsam ein und artete allmählich zu wirklicher Imitierung des Faltenwurfs aus. Die archi=tektonischen Glieder wurden immer vollständiger und reicher mit bunten Farben und Gold ausgestattet. So lange der Stil nicht verderbt war, wurden Putzflächen stets einheitlich, ans Textile anlehnend, behandelt, Quaderflächen entweder leer gelassen oder wie in der Fig. 20 dargestellten Weise behandelt. Auf Putzflächen tritt derartige Verzierung erst in der Verfallzeit des Stils auf. An den Gewölbrippen, deren Gliederungen oft gleich den anderen Gliedern bunt dekoriert wurden, zeichnete man die Fugen besonders deutlich ab, meist durch Kreuze (die Fugen selbst und eine Klammer andeutend), und entlang der Rippen liefen Linien, Käntchen oder Kriech=blumenreihen, oft so weit naturalistisch gehalten, als der Charakter des Flächenornamentes das gestattet. Die Gewölbflächen (Kappenflächen) besetzte man oft mit einer entweder aus dem unteren Zwickel aufwärts wachsenden oder vom Schlußstein abwärts hängenden Ranke, auch wohl mit vom Schlußstein ausgehenden Strahlen oder mit schwebenden Engeln, Spruch=bändern u. s. w. Die Fülle der Vorbilder ist hier so groß, besonders aber so mannigfach, daß sich eine Anweisung in kurzen Worten kaum geben läßt, nur eine Regel. Man meide die Überladung und das bloße sinnlose Ornament, strebe selbst bei größtem Reichtum nach Klarheit, Übersichtlichkeit, symbolischem Sinn und organischer Einfügung in das bauliche Gerippe, halte die Blumen u. s. w., selbst bei Annäherung an den Naturalismus, stets

Fig. 20.

stilisirt und als Flächenornament, benütze lebhafte, meide aber grelle
Farben, sei mit Vergoldung sparsam. Die vielfach so beliebte Gestaltung
der Gewölbfläche als gestirnter Himmel ist vorsichtig zu verwenden, nie
über die ganze Kirche auszubreiten, sondern nur auf den Teil über dem
Altar zu beschränken. Die Besetzung mit Sternen, wie überhaupt wieder=
kehrendes Flächenmuster auf Gewölben, tritt erst in der Spätgotik auf, ist
ein Zeichen beginnenden Verfalls. Holzteile, sowohl Brüstungen als Balken=
decken, sind in der Fläche nicht zu streichen, sondern holzfarbig zu lassen, wobei
man an neuen Flächen, dasern man nicht verschiedenfarbige Hölzer ver=
wenden kann, die Farbe durch Lasierung lebhafter gestalten darf. Die
glatten Felder, Bretter 2c. kann man mit einfarbigen unschattierten Orna=
menten, gleich Holzeinlegungen, belegen.

Die Gliederungen, Kehlungen 2c. werden farbig ausgestattet und zwar
in frischen, ungebrochenen Tönen, die bei der geringen Breite, bei nur
einigermaßen geschmackvoller Reihung niemals grell wirken, außer wenn
man daran anstoßende oder dazwischenliegende Felder, Streifen 2c. mit ins
Graue abgedämpften Farbentönen (sogenannten Modefarben) versieht, worauf
sofort die frischen Farben grell wirken. — Es sind eben in der Gotik alle
schmutzigen, gräulichen oder bräunlichen Töne zu vermeiden. Wo man, wie
dies in Sachsen in den letzten zehn Jahren unter dem Einfluß eines be=
stimmten Willens oft geschehen ist, in dieselben verfällt, ist die Konsequenz,
daß sämtliche Farben ins bräunliche abgestumpft werden müssen und der
ganze Raum lehmfarbig wirkt. Spruchbänder, Sinnbilder (ein Kreuz,
Lamm, Engelistensymbole, Sternbilder, symbolische Pflanzen) stehen in reichem
Maße zur Verfügung und dienen dazu, die „Wände predigen zu lassen". —
Allegorien und heidnische Embleme, z. B. die sich in den Schwanz beißende
Schlange für die Unendlichkeit, der Schmetterling für die Unsterblichkeit,
sind streng zu meiden.

§ 53.

Bei der Herstellung des Fußbodens ist das praktische
Bedürfnis zuerst in Anschlag zu bringen. Doch soll nicht die
bare Nützlichkeit allein entscheiden, sondern es soll auch den
künstlerischen Forderungen Rechnung getragen werden. Es läßt
sich dies um so leichter ermöglichen, da in dem vorliegenden
Falle eine maßvolle Ornamentik nicht nur zulässig, sondern
möglichst zu erstreben ist. Bei der Auswahl der Symbole, be=
sonders der figürlichen Symbole, muß mit Vorsicht verfahren
werden.

Wenn man den Fußboden dicht und trocken, glatt, eben und sauber herstellt, hat man zwar das nötigste, aber noch nicht genug gethan; wie die Wände so soll auch der Fußboden reden; er soll sagen: „Die Stätte, da du stehest, ist heiliges Land." Auch verlangt die ästhetische und stilistische Einheit, daß er, mit Wänden, Decken und Fenstern harmonierend, ziervoll gestaltet sei.

Was zunächst die rein praktische Seite anlangt, so sind wir durch unser Klima gezwungen, bei dem längeren Sitzen während der Predigt für einen trockenen, nicht kältenden Fußboden wenigstens unter den Kirchbänken zu sorgen. Laufteppiche und Strohdecken sind, wenn sie einigermaßen würdig aussehen sollen, teuer und erfordern häufiges Reinigen und sonstige Pflege. Man kann sie daher höchstens in den Gängen, auf dem Altarplatz und den Altarstufen anwenden; am besten empfiehlt sich dazu Matte von Manilla= hanf oder deutschem Hanf, Bast, grobes Linnen, ferner Linoleum und Kamptu= likon, minder gut Stroh und Baumwolle, am schlechtesten Jute. Den Fuß= boden unter den Bänken wird man trotz aller Gegenbedenken doch aus Holz herstellen müssen. Damit dieser nun nicht, was bei der leider sehr sporadischen Lüftung unserer Kirchen nur gar zu häufig geschieht, vom Schwamm angegriffen werde, thut man am besten, zunächst gleichzeitig mit dem bald zu besprechenden Fußboden der Gänge in einfacher Weise, aber mit gleicher Sorgfalt einen steinernen Fußboden auch unter die Bänke zu legen, und zwar nicht etwa, wie häufig geschieht, vertieft, sondern in gleicher Höhe mit dem übrigen; auf diesen Unterfußboden legt man dann die Lager= hölzer trocken auf, nachdem man sie mit Schwefelsäure (1 Teil rauchender Schwefelsäure und 3—4 Teile Wasser) sorgfältig allseitig gestrichen hat. Die bis vor kurzem so beliebte Ausfüllung mit Steinkohlengruß, Lösche oder Asche ist nach neueren Untersuchungen das beste Zuchtmittel für den Schwamm; Mylothanaton und Antimerulium sind fast ebenso gefährlich. Will man wegen des Dröhnens den Zwischenraum zwischen den Lagern, die am besten leer gelassen und durch Löcher in den Bordbrettern dem Luftzug zu= gänglich gemacht werden, ausfüllen, so geschehe es mit gewaschenem Kies, mit einer Mischung aus Sand und Gips als Guß oder mit Bauschutt. Eichener oder kieferner Stabfußboden (Riemenboden) läßt sich ohne Lager direkt in eine auf dem Unterpflaster aufgegossene Asphaltschicht verlegen, wenn jeder Stab oder Riemen je nach seiner Breite eine oder zwei schwalben= schwanzförmige Nuten auf den Unterseiten erhält, in welche sich der heiße Asphalt hineindrückt. Was nun den anderweiten Fußboden, resp. das Unter= pflaster unter der Bankdielung anlangt, so hat man zunächst die Wahl zwischen Astrich und Plattenbelag. Unter den Astrichen ist der schönste, aber auch kostspieligste der Terrazzofußboden, auch Battuta genannt. Kleine Stückchen von Marmor und andere harte Steinchen werden nach bestimmtem Muster in einen Mörtelbrei eingelegt und festgeschlagen, nachdem man vor= her eine Betonschicht oder ein Ziegelunterpflaster gelegt hat. Geschlagener

Lehmästrich ist natürlich unwürdig, geschlagener Kalkkrumpenästrich zwar sehr
zweckmäßig, aber nicht besonders schön, auch staubcrregend, Zementgußästrich,
Gipsästrich und Sparkalkästrich blähen sich leicht auf und reißen dann, laufen
sich auch schnell ab. Steinplatten aus natürlichem Stein, z. B. Sohlenhofer
Lithographiestein, anderer dichter Kalkstein, schwarzer Thonschiefer, rote
Weserplatten, graugefleckter Frucht- oder Knotenschiefer, Marmor 2c. sind zwar
zu empfehlen, aber vielfach teils zu teuer, teils feucht. Sandstein, mit
Ausnahme weniger Sorten (z. B. des braunschweigischen und des Weserfand-
steins) läuft sich leicht aus und schwitzt leicht. Zementplatten schwitzen
ebenfalls leicht, werden bald ungleich ausgelaufen und springen leicht.
Die schon in romanischer Zeit vorkommenden Fliesen aus gebranntem Thon,

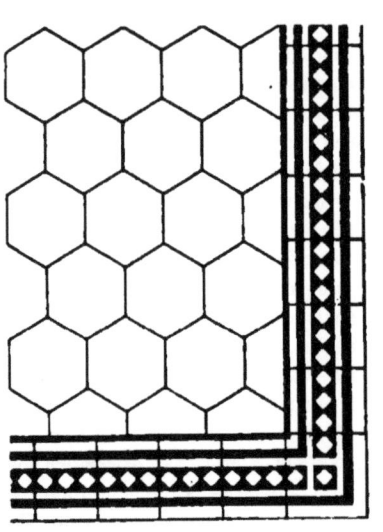

resp. Formziegel, welche in der
Gotik so schön ausgebildet, vielfach glasiert und sonst vervollkommnet wurden, haben in neuerer
Zeit eine so starke Verbesserung
erfahren, daß sie sehr zu empfehlen sind. Unter ihnen zeichnen
sich die von Villeroy & Boch in
Mettlach und von Utschneider &
Jaunez in Saarbrücken besonders aus. Erstere sind in vielerlei
stilgerechten Dessins, letztere zwar
nur einfarbig, aber in mancherlei
Formen und Größen zu haben:
die von Fikenscher in Zwickau in
vorzüglicher Qualität, aber nur
braun. Der gebrannte Thon,
selbst schon der gute Ziegel, ist das
beste Sicherungsmittel gegen aufsteigende Feuchtigkeit und Fuß-

Fig. 21.

kälte und bedarf keiner Bedeckung durch Teppiche. Was nun die Verzierung
anlangt, so findet allerdings die großartige Entfaltung, welche die musivische
Ausstattung des Kirchenfußbodens bei den alten Christen und im frühen
Mittelalter, ja noch in den Zeiten des romanischen und gotischen Stils genommen, in dem Schiffe evangelischer Kirchen eben wegen der Bänke nicht
Raum. Nur auf dem Altarplatz könnte etwas Ähnliches eintreten. Doch
ist der Kreis der wählbaren figürlichen Darstellungen ein ziemlich beschränkter.

Schon sehr frühzeitig wurde die Anbringung des Kreuzes und anderer
heiliger Symbole, sowie die Darstellung von Engeln und Heiligen verboten.
Man versuchte es nun mit Darstellung der Hölle, der Geschichte des rasen-
den Roland u. dergl., kam aber auch hiervon bald zurück, besonders seit die
Fließfußboden aufkamen. In die Fliesen brachte man und bringt noch jetzt

allerlei Pflanzenornamente und Gewürme an. Unter den Pflanzen sind zu vermeiden Weinlaub und Ähren. Auch Sonne, Mond und Sterne ge=

Fig. 22.

hören nicht auf den Fußboden. Wohl aber kann man Disteln und Dornen, Gras und niedere Kräuter darstellen, ferner Löwen, Drachen, Affen, Wall= fische, Tiere der Tiefe, Sumpfvögel, Eidechsen, Schlangen ꝛc. (Pf. 91, 13; Pf. 148, 1—13), an den Altar= stufen auch Hirsche (Pf. 42, 2).

Die Verteilung dieser Gestalten ergibt sich fast von selbst, wenn man den Fußboden zunächst nach der Be= stimmung seiner einzelnen Teile (Vorhalle, Gänge, Vorplatz zum Altarplatz, Raum für den Taufstein, Raum für den Altar ꝛc.) in Stücke zerlegt und diese gewissermaßen als abgegrenzte Teppiche, resp. Lauf= teppiche einfaßt oder mustert. Wir geben hier in Fig. 21, 22, 23 einige einfache Muster, mit der Bemer=

kung, daß die meisten Fabriken illustrierte Musterkataloge gern einsenden, bei deren Benutzung man sich nur hüte, genau in den Grenzen des gewählten Stils

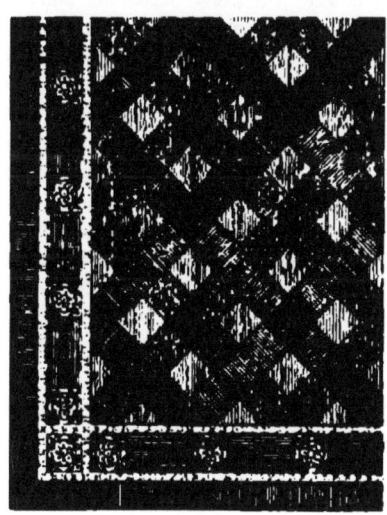

Fig. 23.

zu bleiben. Das versteht sich wohl von selbst, daß man für den Altarplatz das reichste, für die Laufgänge das einfachste Muster wählt. Zur Steigerung des Fußbodenschmuckes dienen die Teppiche, welche besonders auf Podest und Stufen des Altars, um den Taufstein herum, am Evangelienpult, auf der Kanzeltreppe ꝛc. am Ort sind. Auch sie haben sich streng nach den allgemeinen Vorschriften für den Fußboden und nach den Stilregeln zu richten. Moderne bunte Salonteppiche mit na= turalistischer Darstellung von Bronzerändern, Blumen ꝛc. ge= hören nicht in eine Kirche. Auch

die Färbung darf nicht salonmäßig modern sein. Aber ebenso sind über-
trieben stumpfe Farbentöne, besonders Holz = und Steinfarbe gänzlich zu
tadeln. Die Farben dürfen vielmehr ziemlich lebhaft, nur nicht prunkend
und schreiend sein, daher so weit gedämpft als nötig, um dies zu umgehen;
zu vermeiden ist auch die Verwendung eines beliebig abgeschnittenen Stückes
fortlaufenden Musters ohne Umrahmung, ohne Rand, weil erst dieser den
Teppich zu einem abgeschlossenen Ganzen macht. Unsolide Stoffe, z. B.
Jute, sind direkt zu verwerfen. O. M.

§ 54.

Unter den sakramentalen Gegenständen des heiligen Inventars steht voran der Altar. Derselbe hatte bis gegen Ausgang der altchristlichen Zeit die Form eines Tisches und nahm
dann die jetzige massive Gestalt an. Schon früh kam mancherlei
Schmuck hinzu: das Antependium, welches die Vorderwand bedeckt, das Ciborium, ein zierlicher Aufbau, besonders die mit
Malereien oder Schnitzereien versehenen Flügelaufsätze (Flügelaltäre).

Der Altar in der alten Basilika von S. Peter in Rom bestand aus
einer auf vier Säulen ruhenden Platte. Zuweilen findet sich auch nur ein
Träger. Die spätere Umwandlung in eine feste Masse scheint sich unter dem
Einflusse der antiken Altarform vollzogen zu haben. Um dieselbe Zeit kommt
die zuerst im 5. Jahrhundert provinziell geforderte Sitte auf, jeden Altar
mit einer Reliquie zu versehen, die ihren Platz unter der Altardecke in dem
sog. sepulcrum fand. Um die nackte Vorderwand zu bedecken, dazu dienten die
Antependien, entweder Tafeln aus Holz oder Metall und mannigfach verziert oder gestickte, in Rahmen gespannte Tuchstücke. Dieselben trugen wesentlich zur Verschönerung des Altars bei. Nicht minder der in verschiedenen
Formen sich darstellende Aufsatz (Ciborium). Vorzüglich aber gewährte dem
Altar einen schönen Schmuck der schrankartige Aufsatz, dessen Thüren sich
nach außen öffnen. Plastik und Malerei haben hier häufig ein Ganzes von
tiefer Wirkung gemeinsam geschaffen. Es wäre sehr zu wünschen, daß die
Flügelaltäre wieder in Aufnahme kämen. Die Renaissance nahm dem Altar
seine heilige Würde und machte ihn zu einem antik-künstlerischen Stilwerk,
die Barockzeit überlieferte ihn der Geschmacklosigkeit. Erst in neuerer Zeit
hat man wieder angefangen, sich auch hier eines Besseren zu besinnen.

V. S.

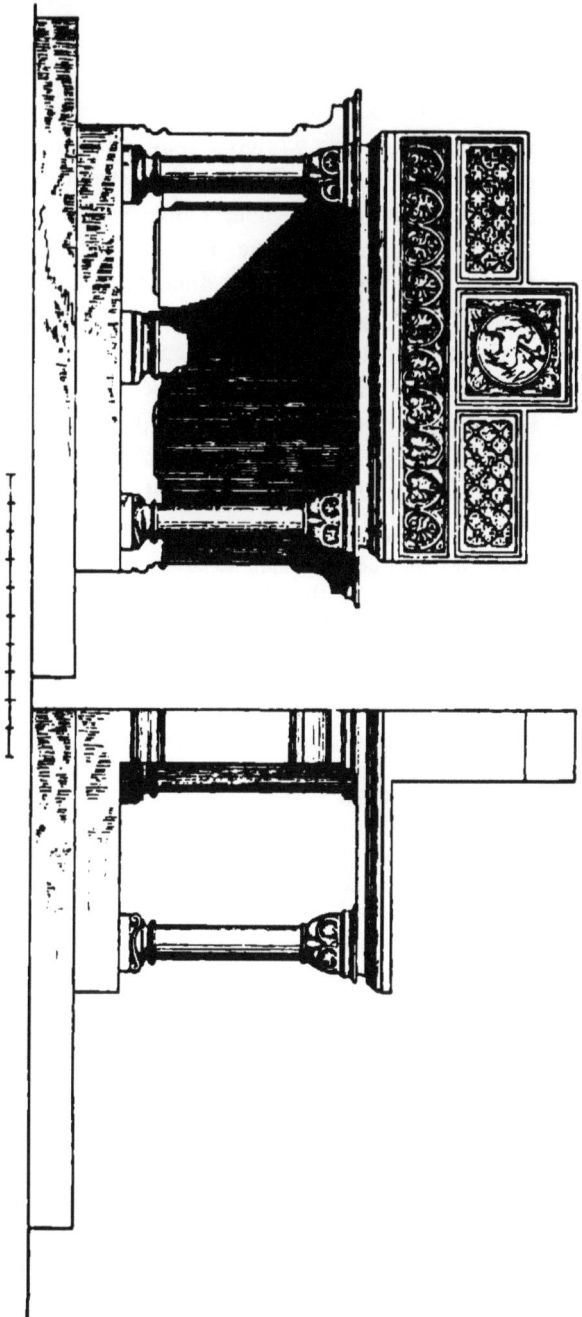

Fig. 24. Romanischer Altar und Aufsatz.

§ 55.

Der Würde des Altars soll die Form und die Ausrüstung desselben entsprechen. Das Material muß solide und der Aufbau in den ernsten, einfachen Formen des gewählten Stils gehalten sein. Die Abgrenzung nach Osten durch einen Altaraufsatz ist an sich zulässig und nur in bestimmten Fällen ausgeschlossen. Wo Bildwerke zur Anwendung kommen, sollen diese nicht willkürlich gewählt sein, sondern eine bestimmte Beziehung auf den Inhalt des hochheiligen Sakraments nehmen, wie auch etwaige Sprüche. Der einzige zulässige Ort des Altars ist der hohe Chor; hier erhebt er sich auf Stufen über das Niveau desselben, an den Seiten, da wo das Sakrament gespendet wird, durch Brüstungen begrenzt.

Die nackte Tischform, wie sie reformierte Einseitigkeit liebt, ist weder vom monumentalen noch von kirchlichen Gesichtspunkten aus zulässig, ganz abgesehen davon, daß sie in die mittelalterlichen Stile nicht hineinpaßt. Innerhalb dieser Stile bieten sich Modalitäten genug zur Auswahl. Ein Beispiel eines romanischen Altars in solider Tischform ist Fig. 24, während Fig. 25 und Fig. 26 ein einfacheres und ein reicheres gotisches Muster zeigen. Erstrebenswert bleibt in einer gotischen Kirche ein vollständiger Flügelaltar mit vollen und halben Schnitzfiguren; indes werden nur wenige Gemeinden in der Lage sein, die dazu erforderlichen Ausgaben aufzubringen. Baldachinaltäre sind unschicklich. — Da bei dem Altar die Hauptsache der eigentliche Altarkörper ist, so hat man über die Zulässigkeit eines Altaraufsatzes gestritten. Sollte durch die Rückwand das Chorfenster verbaut und damit zugleich der wirkungsvolle östliche Lichtzugang durch die gemalten Scheiben abgedämmt werden, so ist selbstverständlich davon abzusehen. Sonst sollte dieser schöne Schmuck dem Altar nicht fehlen; er ist mehr als ein bloßes Zierstück, denn er gibt zugleich den Ort ab für symbolische und typologische Darstellungen und bietet eine willkommene Gelegenheit, die mittelalterliche sakramentale Typologie (Abel, Melchisedek, Abraham und Isaak, eherne Schlange u. a.) und Symbolik (Lamm Gottes, Weinstock, Rebe, Kelch u. a.) vor Augen zu stellen. Immer aber soll der Aufbau in organischer Verbindung mit dem Altarkörper stehen und nicht etwa durch ein Bild in Goldrahmen ersetzt werden.

Bei der Wahl des Materials ist jeder täuschende Schein zu vermeiden. Mag man Holz oder Stein oder eine Kombination von Holz und Metall wählen, dem Material soll man nicht mit Hilfe von Gips oder anderen Mitteln ein Äußeres geben, das seiner Art nicht entspricht. Daß sich der

Fig. 25.

Fig. 26.

Altar auf Stufen erhebt, versteht sich von selbst. Denselben mit Schranken unmittelbar zu umziehen oder auch nur den Chorraum mit Schranken ab= zuschließen, ist mit Unrecht als etwas Unevangelisches abgewiesen worden. Es liegt darin durchaus nichts Hierarchisches; andererseits wird dadurch der Eindruck der hervorragenden Würde der Stätte des heiligen Sakraments gesteigert. Wo der Altar der eigentlichen Schranken entbehrt, soll er wenigstens mit Brüstungen an den Seiten versehen sein, über die hin die Kommuni= kanten das Sakrament empfangen. Dabei dürfen Kniebänke nicht fehlen. Da es endlich fast allgemeine Sitte ist, — und eine löbliche Sitte! — daß die Kommunikanten, nachdem sie das geweihte Brot genossen, hinter der Rück= seite des Altars her zu dem Südende desselben sich begeben, um das andere Element zu empfangen, so ist es schicklich, daß der hinter dem Altar liegende Raum in geziemender Verfassung gehalten und nicht etwa als Rumpel= kammer behandelt werde.   Th. P.

§ 56.

Ist das Material bezw. das Äußere des Altars nicht ein solches, daß es unverhüllt sich zeigen kann, so ergibt sich daraus eine vollständige Bekleidung des Altars als durchaus notwendig. Dazu dient das Altargewand. Aber auch wo diese Rücksicht nicht vorliegt, soll das Altargewand in irgend einer Form oder Reduktion nicht fehlen. Der Wechsel der liturgischen Farben soll, soweit es statthaft und möglich ist, nicht außer Rechnung gelassen werden.

Das den Altartisch bedeckende, unumgängliche Altartuch (mappa altaris) ist stets schneeweißer Linnenstoff und kann an seinen überhängenden Kanten einfach gestickt sein. Am passendsten wird auch zu den Pallen und dem Korporale Linnenzeug verwendet.*)

Vorausgeschickt seien zunächst einige allgemeine Bemerkungen Meurers in einem Aufsatze in der „Evang. Kirchenzeitung" 1861, S. 755 ff. Hier äußert sich der auf dem Gebiete der kirchlichen Paramentik hervorragend urteilsfähige Verfasser: „1) man vermeide und entferne allen ungehörigen und fremdartigen Schmuck, 2) man sorge, was den Schmuck betrifft, wenn

---

*) Z. vergl. die vortreffliche Anleitung von Meurer, Altarschmuck. Ein Beitrag zur Paramentik in der evang. Kirche, Lpz. 1867 (als Text zu Eug. Beck's „Musterblätter für kirchliche Stickerei"). — Dazu „die kirchliche Leinenstickerei", Köln (Schwann) 1864, 2. Aufl. — Verschiedenes im „Christ= lichen Kunstblatt".

man reiche und kostbare Stoffe nicht verwenden kann, wenigstens dafür, daß das Einfache durchaus solid sei, und vermeide sorgfältig alle Stofflügen und vergänglichen Flitterstaat. Es versteht sich, daß man zu Altarumkleidungen nicht allenthalben schwere seidene Stoffe, Damast, Samt, Plüsch oder auch nur feine Tuche verwenden kann, man möge immerhin geringere Tuche, auch anderen rein wollenen Stoff verwenden, nur kernig im Faden und ächt in der Farbe. Versagen die Mittel ächte Gold- und Silberborbüren, nun warum nicht lieber einfache, wollene, statt unächter Metalltressen, die doch bald schwarz werden. Ebenso fort mit allem leichten Posamentierkram oder gar aufgenähten Glasperlen, Schmelz u. dergl. und statt dessen lieber eine einfache Stickerei in Wollfaden oder Schnur u. s. w. 3) Man achte in An- sehung der Form darauf, daß, wenn dieselbe nicht an sich ein ausschließlich kirchliches Gepräge trägt, doch wenigstens alles vermieden werde, was an weltlichen Schmuck erinnert."

Diese Bemerkungen sind selbstverständlich und bedürfen keiner näheren Begründung, doch können sie nicht oft genug in Erinnerung gebracht werden, da immer wieder dagegen gefehlt wird. — Das Altargewand wird am besten ganz glatt gespannt; faltig drapiert, erinnert es zu sehr an weltliche Deko- ration. In den meisten Fällen wird das Altargewand den ganzen Altar- körper überspannen müssen; wo dieser letztere monumental gestaltet ist, kann die Gewandung bis auf einen am oberen Rande hinlaufenden Streifen ver- kürzt werden; dann sollte aber ein mit passendem Symbol oder ornamen- taler Stickerei versehener Antependienstreifen, der etwa ein Drittel der Altarbreite und die volle Länge der Altarhöhe hat, nicht fehlen. Auch die Modifikation ist gestattet, daß die ganze Stirnseite mit einem Antependium bedeckt und die Schmalseiten einfach drapiert werden. Als Stoff der Altar- gewandung empfiehlt sich nur Tuch von guter Qualität (nicht Halb- oder Damentuch); ein feinerer, aber auch kostspieligerer Stoff ist Seidendamast oder auch Seidensamt; doch wird letzterer leicht fleckig. Baumwollen-Plüsch und Samt sind zu vermeiden, wie auch Wollen-Plüsch.

Die liturgischen Farben, welche nach der Sitte des Mittelalters bestimmt sind, den Fortschritt und Wechsel des Kirchenjahres zu bezeichnen, sollten auch in der evangelischen Kirche ihr altes Recht behalten. Sie gestalten sich so: violett in der Advents- und Fastenzeit von Septuagesimä an, weiß an Christusfesten sowie an den Festen der Bekenner, bei Bischofs- weihen u. s. w., außerdem von dem heiligen Abend bis zur Epiphanias- oktave, grün von der Epiphaniasoktave bis Septuagesimä und in der Trinitatiszeit, rot Pfingsten sowie an den Festen der Apostel und Märtyrer, schwarz am Karfreitage und bei Totenmessen. Im einzelnen modifiziert sich diese Tradition nach der Gestalt des evangelischen Kirchenjahres. Das Minimum, das hier gefordert werden muß, ist eine schwarze Bekleidung für die Fastenzeit, die Bußtage und die Totenfeste, eine farbige (und zwar dann womöglich dunkelgrün) für die übrigen Tage. Wenn es aber möglich

ift, füge man noch violett hinzu. Am eheften läßt sich rot und weiß ent=
behren. Kann man sich auch diese Farben anschaffen, um so beffer.

Unter dem Korporale (Leibtuch) verfteht man das Leinentuch, auf
welches die heiligen Geräte geftellt find, unter Pallen die mit dem Stoffe
der Altargewandung überzogenen Pappftücke, mit welchen Kelch und Patene
zugedeckt find. Der Vorschlag Meurers, diese Pappdeckel durch ein quadra=
tisches leinenes Tuch, das etwa vierfach zusammengelegt würde, zu erfetzen,
kann nur gebilligt werden. Eine paffende Ornamentik läßt sich leicht finden.
Sehr wünschenswert wäre es auch, die in vielen Kirchen herrschende Sitte,
vor der Abendmahlsfeier die heiligen Geräte mit einem weißen Linnentuche
(velum) überdeckt zu halten, zu einer allgemeinen zu machen.

Von dem Altargewande ift zu unterscheiden das Altartuch, welches ftets
auf dem Altarkörper ruht. Dasselbe, aus Linnen hergeftellt und weiß, hängt
mit einem schmalen Streifen über der Altarkante und bietet hier einen
paffenden Ort zu einfacher Stickerei; eine Garnierung mit Spitzenkanten
wird beffer vermieden, da fie des ftreng kirchlichen Charakters entbehrt. Die
Leinwand sei fein, aber nicht glatt: am geeignetften ift das Bielefelder oder
auch das schlesische Hausmacher=Leinen, bei dem jeder Faden deutlich dem
Auge sichtbar ift.

Für die Kniebänke wählt man am beften einen „regulären Teppichstoff
in ftumpfer, neutraler Farbe.“

Es sei hier auch gleich erwähnt, daß über den ganzen Podeft in der Breite
des Altars, die Stufen herunter und noch ein gutes Stück davor ein Teppich
liegen muß. Alle unruhigen, grellen Mufter find hier ftrengftens zu ver=
meiden, insbesondere die sog. Blumenteppiche. Figürliche Darftellungen sowie
das Kreuz müffen ebenfalls wegfallen. „Es ift unziemlich, das Heilige mit
Füßen treten.“ Man begnüge sich mit Anwendung von symbolischen Tier=
und Pflanzenornamenten in gedämpfter Farbe. V. S.

§ 57.

Ein unentbehrliches Stück des Altars, auf das in keinem
Falle verzichtet werden kann, ift das Kreuz mit dem Kruzifixus.
Auf letzteren als die Hauptsache richtet sich die größte Sorg=
falt. Sowohl die moderne weich sentimentale Chriftusgeftalt
als auch die ältere derb realiftische ift zu vermeiden und viel=
mehr eine Auffaffung zu wählen, in welcher die göttliche Majeftät
und das menschliche Leiden des Gottessohnes in würdiger, edeler
Weise harmonisch zum Ausdruck kommen.

Unsere Zeit produziert bekanntlich mancherlei Chriftusbilder; sie tragen
vorwiegend einen unangenehm modernen Charakter, in welchem sich Schwär=

merei, Gelassenheit, Weichheit zu einem unbestimmten Etwas mischen. Man kann in der Abweisung solcher Produkte nicht entschieden genug sein. Lieber ein Christusbild nach der älteren, realistischen Weise als ein so sentimentales Jünglingsgesicht, das an Haar und Bart so fein zugestutzt ist, als käme es eben aus der Barbierstube.

In romanischer Zeit wurde der meist ziemlich kleine Kruzifixus zugleich als Vortragekreuz bei Prozessionen benutzt und bei dieser Gelegenheit auf eine Tragstange gesteckt. Auf dem Altar war zur Aufnahme des Kreuzes ein Fuß bestimmt, der oft die Form eines Leuchters hatte. Fig. 27 stellt ein solches Kruzifix in freier Nachahmung eines älteren Vorbildes dar;*) es darf natürlich nicht zu klein gehalten werden. Fig. 28 hat einen gotischen Charakter. Die Symbole der vier Evangelisten, durch die hier das Kreuz belebt ist, finden sich häufig auf mittelalterlichen Kruzifixen; statt dessen kann man auch Symbole, die auf den Opfertod Christi und auf seine Auferstehung hinweisen, verwenden (Pelikan, Phönix, Adler).

Fig. 27.

Der Christuskörper wird entweder aus versilberter Bronze oder aus naturfarbigem Holze hergestellt. Die Silberfarbe hat, weil sie der blassen Körperfarbe mehr entspricht, den Vorzug vor der Goldfarbe. Leicht zerbrechliches oder unächtes Material, wie Zink, Eisenguß, oder gar Gips und Porzellan, soll nicht gewählt werden. Das Kreuz selbst kann aus vergoldeter Messingbronze, aus Eichen-, Nußbaum- oder schwarzem Birnbaumholz sein. Ein nacktes Kreuz ohne den Gekreuzigten wird besser vermieden.

Die Größe des Kruzifixes richtet sich nach der Größe des Altars und der Kirche. Stets soll es höher sein als die Altarleuchter. Es steht entweder frei oder wird in den Altaraufsatz hineingebaut. (Vgl. Fig. 26.)

---

*) Das .A — II. am Mittelbalken über dem Haupte des Herrn bleibt besser fort.

V. S.

Fig. 28.

§ 58.

Links und rechts von dem Kruzifix, das den eigentlichen Mittelpunkt des Altarmobiliars bildet, haben in niedrigerer Höhe die Altarleuchter ihren Stand. Größe und Stil derselben wird bestimmt durch das Kruzifix. In der Ausgestaltung dieses Geräts läßt sich der Zusammenhang mit der mittelalterlichen Kunst auf das leichteste aufrecht erhalten.

fig. 29.   fig. 30.

In romanischer Zeit waren die Altarleuchter klein und zierlich in durchbrochener Arbeit in Metallguß hergestellt; phantastische oder wirkliche Tiergestalten, Drachen, Eidechsen wurden in engster Verbindung mit stilisierten Ranken und Laubwerk gern zur Ornamentierung benutzt (Fig. 29).

In gotischer Zeit nahmen die Leuchter an Größe zu, verloren aber an feiner Ausbildung (Fig. 30). Einen Versuch, die Leichtigkeit und Zierlichkeit des romanischen Leuchters mit der feinen gotischen Gliederung zu verschmelzen, stellt Fig. 31 dar. Die Zahl der mittelalterlichen, seien es romanische, seien es gotische Leuchter, die sich ohne irgend welche oder mit ganz geringer Modifikation in der evangelischen Kirche verwenden lassen, ist sehr groß. Überhaupt ist gerade hier dringend zu empfehlen, die mo

,fig. 31.

dernen Leuchterformen, wenn sie auch einfach und würdig gehalten sind, zu vermeiden und sich an die guten alten Muster anzuschließen, die in ihrer Art unübertrefflich sind. Als Material für die Leuchter eignet sich Messing, und zwar Messingguß besser als Blech. Selten nur werden die Mittel gestatten, massives Silber zu verwenden. Ist aber die Möglichkeit da, silberne oder vergoldete silberne Leuchter anzuschaffen, so geschehe es, denn für die kirchlichen Gerätschaften hat als allgemeine Regel zu gelten, daß das kostbarste Material nicht zu gut ist. Versilbertes und vergoldetes Messing ist an sich nicht verwerflich, wohl aber Zink und Eisenguß, sowie Holz, selbst wenn dieses schön geschnitzt ist. Auf eine hinreichend große Leuchterschale, um das Abtropfen der Kerzen — die möglichst Wachskerzen sein sollen — auf die Altardecke zu verhindern, sollte bei der Wahl stets gesehen werden.

Die Frage, ob überhaupt Leuchter auf dem Altar zu stehen kommen sollen, ist so selbstverständlich zu bejahen, daß eine Erörterung derselben überflüssig erscheint. Die schöne Symbolik des Lichtes muß jedem von selbst klar sein. Dagegen ist es eine offene Frage, wie viele Leuchter aufzustellen sind. Die Zweizahl scheint uns nicht nur das Minimum, sondern auch das Maximum zu sein. Ein Plus stört die einfache Wirkung der mit dem höheren Kruzifix pyramidal zusammengeschlossenen Leuchter und bringt eine gewisse Unruhe auf den Altar.

Th. P. — V. S.

§ 59.

Der Kelch, zum Spenden des Weines beim heiligen
Abendmahl bestimmt und stets als das heiligste Gerät betrachtet
und demgemäß kunstvoll gestaltet, besteht aus dem Fuße, dem
Knauf und dem Becher (cuppa). Die Form des Kelches ist
den Stilwandelungen des Mittelalters unterlegen. An Stelle
des niedrigen Kelches mit Halbkugelcuppa hat die Gotik ein
schlankes Gefäß mit kelchförmiger Schale gesetzt. Vom prak=
tischen Gesichtspunkte aus empfiehlt sich am meisten die früh=
gotische Form. Das Material soll möglichst kostbar sein. Zu
dem Kelche gehört die Patene, ein flacher Teller, der bei der
Abendmahlsfeier die Hostie trägt.

Fig. 32.   Fig. 33.   Fig. 34.

In den ersten Jahrhunderten der christlichen Kirche wurde der Kelch
in den Formen antiker Trinkgefäße aus Glas, Thon, sogar aus Holz, seltener
aus edlem Metall hergestellt. Später wurde das letztere fast ausschließlich
verwendet, und noch heute hält die katholische Kirche daran fest, daß wenig=
stens die Schale aus gediegenem Silber oder Gold gearbeitet sei.

Die ältesten Formen des christlichen Kelches haben für die heutige
Praxis keine Bedeutung mehr, kommen daher hier nicht in Betracht. Erst
im 12., namentlich aber im 13. Jahrhundert erhält der Kelch eine bestimmt
ausgeprägte Gestalt. Der romanische Stil (Fig. 32) bildet den Fuß kreis=
rund, nach oben allmählich sich verjüngend, den Schaft wiederum rund, mit

etwas glatt gedrücktem Kugelknauf und die Schale in der Form einer Halb= kugel. Fuß und Knauf sind meist reich ornamentiert; manchmal ist auch die Cuppa an der Außenseite mit gravierten Darstellungen aus der Leidens= geschichte des Herrn oder mit den altteſtamentlichen Typen derſelben ver= ſehen. Auch die Patene erhält einen gravierten bildlichen Schmuck. Der ſtreng gotiſche Kelch (Fig. 33) baut ſich weſentlich ſchlanker auf als der romaniſche und Fuß und Knauf ſind gegliederter, erſterer meiſt in Form eines Sechspaſſes, ebenſo Schaft und Knauf, welch letzterer die charak= teriſtiſchen Knöpfe (nodi) erhält. Die Cuppa hat ſich weſentlich verändert und iſt nach Form einer Hyperbel geſtaltet. Die Patene bleibt glatt, aber ihr Rand erhält ein graviertes Weihekreuz.

Der ſpätgotiſche Kelch (Fig. 34) iſt häufig mit Blattornamenten an Fuß und Schaft überladen, ja ſogar die Cuppa, welche ſteiler als in

Fig. 35.

frühgotiſcher Zeit gebildet iſt, nimmt unten einen ornamentalen Kranz an, in welchem ſie wie eine Eichel in der Schale ſteckt. Es findet jedoch auch die frühgotiſche hyperboliſche Cuppa aus guten Gründen noch vielfach im 16. Jahrhundert Verwendung.

Die Renaiſſance und der Zopf haben ſchließlich aus dem Kelch einen Pokal gemacht, welcher jedes kirchlichen Charakters entbehrt. Der Rand der Cuppa iſt nach außen geſchweift, wodurch der Kelch zum Spenden ungeeignet wird, weil der Inhalt eines ſolchen Bechers bei der geringſten Neigung das Beſtreben hat, ſehr ſchnell und breit auszufließen, ſodaß am Munde des Kommunizierenden der Wein leicht verſchüttet wird.

In neuerer Zeit hat man vielfach die Frage erörtert, wie wohl der Kelch am praktiſchſten zu geſtalten und in welchem Stile er auszuführen ſei. Der Verein für chriſtliche Kunſt in Berlin hat z. B. einen Kelch mit einer eiförmigen Cuppa (Fig. 35) eingeführt. Dieſer aber iſt, ganz abge= ſehen von dem geſchmackloſen und nüchternen kleinen Knauf, an welchem ſich unten ein plumper Fuß anſetzt, zum Spenden ungeeignet, weil der Geiſtliche den Kelch ſehr weit herunterkippen muß, um den Reſt des Weines auszuteilen. Es iſt auch durchaus notwendig, daß der Spendende den Inhalt des Kelches überſehen kann, um danach ihn mehr oder weniger kippen zu können. Dies iſt aber bei dieſer Form faſt unmöglich. Über die geſchweifte Renaiſſance=Cuppa iſt bereits geſprochen. Auch die halbkugel= förmige Cuppa des romaniſchen Kelches iſt unpraktiſch, da auch hier der Inhalt viel zu ſchnell und breit ausfließt.

Es bleibt als die einzige durchaus praktiſche Form der Cuppa nur die frühgotische (Fig. 33) übrig. Außerdem legt sich hier der breite Knauf sicher auf die unter ihm geschlossene Hand des Spendenden auf und der Kelch ist auf diese Weise leicht und sicher zu bewegen.

Daß in einer romanischen Kirche nur ein streng romanischer Kelch, in der Renaissance-Kirche ein Renaissance-Kelch gebraucht werden könne, ist eine allerdings noch immer vielfach verbreitete Meinung, die sich aber nicht aufrecht erhalten läßt, wie wünschenswert auch sonst Stileinheit ist. Wenn der Baumeister der Kirche den romanischen Stil aus praktischen Gründen für die Kirche gewählt hat, so braucht darum der Geistliche doch noch nicht so unpraktisch zu sein, einem für den praktischen Gebrauch bestimmten Gefäße bloß der Stileinheit zuliebe eine ungeeignete Form zu geben. Dann hätte man im 14. Jahrhundert für die alten romanischen Dome auch nur romanisches Gerät anfertigen dürfen. Das haben aber die alten Meister wohlweislich nicht gethan, sondern haben allen Stücken die von ihnen als richtig erkannte Form gegeben. Was das Material anbelangt, aus welchem der Kelch gearbeitet werden soll, so ist auch bei uns wie in der katholischen Kirche kein Material kostbar genug dazu, da das Heiligste in diesem Gefäße getragen wird. Wenn es also irgend nur die Mittel gestatten, sollte mindestens die Cuppa aus gediegenem Silber angefertigt werden. Im übrigen muß man sich mit gut versilbertem Neusilber oder gut vergoldetem Kupfer begnügen. Inwendig muß aber die Cuppa, auch wenn sie aus echtem Silber besteht, stets stark vergoldet sein, damit sich nicht Grünspan ansetzt. Ebenso empfiehlt es sich, auch die Patene ganz zu vergolden.

Zinn, auch das feinste, eignet sich gerade für Kelche am wenigsten, weil es nicht leicht blank und sauber zu halten, auch viel zu schwer am Gewicht ist.

Im übrigen sei hier auf die allgemeinen Bemerkungen über die Wahl des Materials und dessen Behandlung an anderer Stelle verwiesen.

§ 60.

Zur Bergung der Hostien auf dem Altare vor ihrem Gebrauche dient das Ciborium, das, wie Kelch und Patene, möglichst aus edelem Metall hergestellt sein soll. In seiner Form muß es sich dem Stil der übrigen heiligen Altargeräte anschließen.

Durch das praktische Bedürfnis sind endlich gefordert die Abendmahlskannen. Da ältere Vorbilder, an die hier anzuschließen wäre, fehlen, so ist bei der Auswahl derselben besondere Vorsicht zu empfehlen und darauf zu achten, daß nicht moderne Formen in die übrigen Vasa sacra störend eintreten.

Unter Ciborium verstand man in der altchristlichen Kirche den Überbau über dem Altar, in dessen Gewölbe eine Taube, aus edlem Metall getrieben und häufig noch mit Emaillemalerei versehen, hing. Diese Taube barg in ihrem Innern die Pyxis, den Behälter für die heilige Hostie. Später ging der Name auf alle Geräte über, welche zur Aufnahme von Hostien dienten, namentlich auf die monumental gehaltenen, während die einfacheren Hostienbüchsen oder Dosen genannt werden.

Sehr beliebt war im Mittelalter für das Ciborium die Form eines Türmchens mit steilem Dach, welches abgenommen oder zurückgeschlagen werden konnte. Der Fuß war dem des Kelches entsprechend gebildet. Zwei der gegenwärtig üblichsten Formen des Ciboriums zeigen Fig. 36 und 37.

Was hinsichtlich des Materials von dem Abendmahlskelche gesagt ist, gilt auch hier, d. h. wünschenswert ist echtes Silber, innen oder auch ganz vergoldet. Sonst wenigstens stark versilbertes oder vergoldetes Neusilber oder stark vergoldetes Kupfer. Unversilbertes Neusilber oder Messing ist ganz zu verwerfen, ebenso Zinn.

Zu den Vasa sacra gehören endlich auch die Abendmahlskannen. Da der wenige Wein, welchen ein Kelch zur Zeit aufnehmen kann, bei größeren Kommunionen nicht ausreicht, so muß eine Kanne auf dem Altar stehen, aus welcher der Kelch wieder gefüllt werden kann.

Fig. 36.

Weil die katholische Kirche des Mittelalters den Laien den Kelch entzog, und der Priester zu eigenem Bedarf nur kleine Kännchen oder Meßpollen — das eine für den Wein mit V. (vinum), das andere für das

Waffer, mit welchem er den Kelch nachspülen muß, mit A. (aqua) bezeichnet, beide auf einem Teller stehend — bedurfte, ist es erklärlich, daß uns Vor= bilder für die großen Abendmahlskannen fast ganz fehlen.

Von den beistehenden Abbildungen sind Fig. 38 und 39 gut beglaubigte mittelalterliche Formen, während Fig. 40 und 41 neu erfun= den sind.

Wünschenswert ist bei den Abendmahls= kannen, daß sie sich im Innern leicht und gut reinigen lassen. Dazu gehört aber, daß man mit der Hand hineinfahren kann, was bei Fig. 38 nicht möglich ist. Jedoch kann man sich hierbei so helfen, daß man die Kanne nach dem Gebrauch mit etwas Spiritus und Wasser ausschüttelt, den Inhalt dann auslaufen läßt und endlich ein größeres wol= lenes oder feineres Leinentuch ganz in die Kanne hineindrückt und umdreht.

Fig. 37.

Manche werden bei Fig. 38 und 39 die Ausgußtüllen vermissen; dieselben sind aber keineswegs notwendig, ebensowenig wie die Wasserkaraffen Tüllen

Fig. 38.   Fig. 39.

haben; sie sind eher ein Hindernis bei schnellerem Ausgießen und geben den Kannen ein etwas profanes Aussehen.

Bei Bemessung der Größe einer Kanne ist der Erfahrungssatz zu Grunde zu legen, daß für ca. 70 Kommunikanten 1 Liter Wein gehört; am besten nimmt man die Kannen nicht größer als 2 Liter fassend, da sie sonst unförmlich aussehen und für den Geistlichen schwer zu handhaben sind. Man möge lieber eine zweite und eine dritte Kanne anschaffen, wenn man größeren Weinbedarf hat.

Hinsichtlich des Materials muß streng darauf gesehen werden, daß das

Fig. 40.   Fig. 41.

Innere der Kanne stark vergoldet ist, da nur Gold im stande ist, der Säure des Weines Widerstand zu leisten und Grünspan-Ansetzung zu verhindern. Trotz alledem ist nicht bringend genug die sofortige Ausspülung und Austrocknung der Kanne nach dem Gebrauch zu empfehlen.

Bemerkung. Es dürfte nützlich sein, hier auf einige unreelle Manipulationen gewisser Händler und Fabrikanten aufmerksam zu machen. Zunächst wird mit dem Ausbruck „silberplattiert" und „goldplattiert" viel Unfug getrieben. Heutzutage wird wenig plattiertes Metall, d. h. ein unechtes Metall, mit einer ganz dünnen Platte edlen Metalles im Stück vor der Bearbeitung zusammengewalzt, zu kirchlichen Geräten verwendet, und

zwar mit Recht, da die daraus herzustellenden Formen sehr beschränkt, auch
keine Gravierungen möglich sind und dann auch die galvanische Versilberung
und Vergoldung jetzt so vollendet gut hergestellt werden kann, daß ein
solcher Überzug dauerhafter und billiger ist wie jener.

Es wird also heute viel plattierte Ware angeboten, die es gar nicht
ist, und zwar meist, um bedeutend höhere Preise zu erzielen. So empfiehlt
ein Kunsthändler in seinem gedruckten Preiskurant Vasa sacra 1. in Alfenide,
2. in Silberplattierung, letztere um 25% teurer wie die erstere, und liefert,
wenn jemand glaubt, viel solidere Versilberung zu bekommen, indem er
das letztere wählt, ebenfalls nur galvanisch versilberte Sachen, denn dies
versteht man meist unter Alfenide.

Streng genommen ist Alfenide eine neusilberartige Legierung, man
nennt aber auch allgemein die galvanisch mit Silber überzogenen Waren
Alfenidewaren.

Ebenso sind die Ausdrücke „reich" versilbert oder „zweimal" oder gar
„dreimal" versilbert darauf berechnet, den Käufer zu bestechen und irre zu
führen. Man kann nur unterscheiden „schwach" oder „stark" versilbert, und
ob das eine oder das andere der Fall, kann sich erst nach längerem Gebrauche
zeigen. Der Käufer ist eben auf die Ehrlichkeit und Gewissenhaftigkeit des
Verkäufers angewiesen.

Th. P.

§ 61.

Die Sitte, die heilige Schrift und die sonst im Gottes=
dienste gebräuchlichen liturgischen Bücher künstlerisch zu ver=
zieren, tritt bereits im 4. Jahrhundert hervor und artet im
Mittelalter vielfach zu maßlosem Luxus aus. Der Text wurde
mit Malereien eingefaßt oder durchsetzt, der Umschlag mit Orna=
menten und figürlichen Darstellungen in Elfenbein oder Metall
geschmückt. So wenig eine solche übermäßig kostbare Ausstattung
der evangelischen Kirche ansteht, so sehr ist auf eine würdevolle,
einfach künstlerische Erscheinungsform der im Gottesdienste ge=
brauchten Bücher, in erster Linie der heiligen Schrift, zu halten.

Bereits am Ende des 4. Jahrhunderts klagt Chrysostomus, daß man
auf die äußere Erscheinung der heiligen Schrift einen größeren Wert lege
als auf den Inhalt. Die Evangelienbücher, welche der Kaiser Justinian an
die Sophienkirche schenkte, waren so reich mit Goldverzierung versehen, daß
jedes derselben 100 Pfund wog. Im Mittelalter hat man diese Leistung
noch überboten: ein Evangeliarium der Königlichen Bibliothek in München
trug nicht weniger als 240 Edelsteine und 112 Perlen. Dieser grenzen=

losen Verschwendung lag indes der richtige Gedanke zu Grunde, daß das Buch heiliger Gottesoffenbarung da, wo es in öffentlichen kirchlichen Gebrauch tritt, in würdevoller Erscheinung sich zeigen müsse. Daran soll auch die evangelische Kirche festhalten. Es ist unziemlich, daß die heilige Schrift in dem üblichen Tageseinbande oder gar in Miniaturformat vor dem Altare oder auf der Kanzel benutzt werde; sie soll vielmehr auch an sich den monumentalen Charakter ihrer Umgebung tragen. Dasselbe gilt von den übrigen gottesdienstlichen Büchern. Es ist Aufgabe der evangelisch-kirchlichen Kunst, die richtige Form für Einband und Umschlag zu finden. Am einfachsten lehnt man

Fig. 42.

sich auch hier an die zahlreich gegebenen Muster des Mittelalters an. Fig. 42 ist Nachahmung eines romanischen, Fig. 43 eines gotischen Einbandes. Obwohl die Schließen bei der heutigen Art des Einbindens im Grunde zwecklos sind, sollten sie doch nicht aufgegeben werden; sie tragen wesentlich dazu bei, dem Einbande einen monumentalen, würdigen Charakter zu verleihen. Als einfachstes und doch geeignetstes Buchzeichen dienen schmale seidene Bänder, deren Farbe nach dem alten liturgischen Kanon (S. 81) gewählt sein mag. Als Unterlage der heiligen Schrift auf dem Altar dient ein hölzernes oder besser' metallenes Pult. Zieht man ein seidenes, passend gesticktes Kissen vor, so ist darauf acht zu geben, daß dasselbe nicht wie ein Sofakissen aussieht.

§ 62.

Die Taufe pflegte in der alten Kirche wohl fast ausnahmslos in einem in den Boden gesenkten Bassin, zu dem Stufen hinabführten, vollzogen zu werden. Die Taufbecken erscheinen als allgemeine Einrichtung erst im Mittelalter. In dem Maße als die Untertauchung durch die Besprengung erjetzt wurde, verringerte sich ihr Umfang. Die Ornamentik ist im allgemeinen einfach. Das Material war Stein, Bronze oder Messing.

Die alte Kirche vollzog die Taufe durch Untertauchen. Daraus erklärt sich die Gestaltung des Taufbassins, sei es im Atrium, sei es im Baptisterium;

Fig. 43.

es hatte die Form eines in den Boden gelegten, mit Doppelstufen versehenen Bassins (Beispiele in Ravenna, Rom, Salona und sonst). Wo an die Stelle der Untertauchung die Besprengung trat — die Entwickelung vollzog sich nicht gleichmäßig —, bildete sich die Form des Taufbeckens oder des Tauf= kessels aus. Zahlreiche Exemplare davon sind uns erhalten. Es finden sich darunter vortreffliche Muster, die sich mit leichten Modifikationen in die evangelische Kirche überführen lassen. Seinen Standort hatte in der mittel= alterlichen Kirche das Taufbecken entweder in der unmittelbaren Nähe des westlichen Eingangs oder in besonderer Kapelle (Taufkapelle).

V. S.

§ 63.

Der Taufstein, der weder im Altarraum, noch vor dem= selben Aufstellung finden soll, ist in seiner künstlerischen Ge= staltung möglichst an die guten Muster der romanischen und der gotischen Zeit, soweit dieselben der evangelisch=kirchlichen Sitte genügen, anzuschließen. Die Wahl des Materials bestimmt sich nach der Forderung der Solidität und der einfachen Würde dieses heiligen Gegenstandes, der bei der Spendung des Tauf= sakraments dient. Zu dem Taufstein gehört das nach Maß= gabe jenes aus Metall gebildete Taufbecken; endlich erfordert das praktische Bedürfnis die Taufkannen, die nach Stoff und Stil in Einheitlichkeit mit Taufstein und Taufbecken zu halten sind.

In der Gegenwart werden außer Stein und Metall auch vielfach ge= brannter Thon (Terra= cotta) und Holz als Material der Taufsteine gewählt. Holz sollte in= des nur dann gewählt werden, wenn die Räum= lichkeiten in der Kirche so beschränkt sind, daß ein öfteres Umstellen des Taufsteins notwendig ist.

Die Terracotta ist an und für sich ein so= lides und schönes Ma= terial und bedeutend bil= liger als Stein; man sieht diesen Taufsteinen aber doch stets die fabrik= mäßige Massenproduk=

Fig. 44.

tion an. Das beste und schönste Material ist und bleibt für den Taufstein der natürlich gewachsene Stein, Sandstein, Granit, Marmor oder eine andere Steinart. Auch Messing oder echter Bronzeguß macht sich sehr schön. Dagegen ist gewöhnlicher Zinkguß, auch mit galvanischer Verkupferung, gänzlich zu verwerfen, da dieses Material stets unsauber und fleckig aussieht. Fig. 44 stellt einen romanischen, Fig. 45 einen einfachen gotischen Taufstein aus Sandstein dar, dessen Deckel aus Eichenholz angefertigt und mit schmiedeeisernen Beschlägen versehen ist, Fig. 46 einen eben solchen aus poliertem Messingguß.

Da in der evangelischen Kirche das Taufwasser stets nach der heiligen

fig. 45.　　　　　fig. 46.

Handlung ausgegossen und zu jedem Gebrauch erneuert werden muß, ist es in ihr auch nicht Sitte, das Taufwasser in die Höhlung des Steines selbst zu bringen, sondern in ein abnehmbares Becken, das Taufbecken; und um das Taufwasser in die Kirche oder Taufkapelle zu bringen, bedient man sich der Taufkanne. Diese kann entweder offen oder mit einem Deckel verschlossen sein; letzteres ist dann empfehlenswert, wenn das erwärmte Taufwasser weit herzuholen ist, damit dasselbe gegen schnelles Erkalten besser geschützt sei.

Schulze, ev. Kirchengebäude.　　　　　　7

Die Taufbecken sind stets aus Metall, nicht aber aus Glas, Porzellan oder Thon, wie das leider noch öfter vorkommt, herzustellen. Für die ärm=

lichsten Verhältnisse genügt po= liertes Messing; dasselbe muß aber wegen des leichten Ansetzens von Grünspan nach dem Gebrauche sehr sauber und trocken abgeputzt werden. Noch besser ist gutes reines Zinn; stark versilbertes Neusilber, die innere Höhlung des Beckens vergoldet, ist dauer= haft; das beste Material ist jedoch das gediegene Silber. Die Tauf= kanne muß in ihren Größenver= hältnissen und auch in Beziehung auf das Material dem Becken entsprechen. Fig. 49 zeigt eine mit Deckel versehene Kanne, im Becken stehend, Fig. 47 eine offene Kanne und Fig. 48 die obere An= sicht eines Beckens, auf dessen Rande ein Spruch und in dessen Mitte ein Medaillon mit der herabschwebenden Taube und die Hand Gottes graviert sind. Die Größe des Taufbeckens richtet

Fig. 47.

sich lediglich nach der Breite und Gestalt des Taufsteins.

§ 64.

Die Predigt wurde in der alten Kirche entweder von dem Bischofsstuhle oder von dem Lesepulte aus, das in der Regel nur den gottesdienstlichen Lektionen diente, gehalten. In= dem sich dann im Mittelalter der Ambo zu dem Lettner ent= wickelte, nahm hier der Prediger seinen Standort. Erst im 13. Jahrhundert scheinen — und zwar zuerst in Italien — eigentliche Kanzeln aufgekommen zu sein, die bald einen festen Platz erhielten. In spätgotischer Zeit erreicht die bildnerische Ausschmückung derselben ihre höchste Blüte.

Die Kanzel ist aus dem praktischen Bedürfnisse der Predigt heraus= gewachsen. Denn für diese letztere eignete sich der Lettner (ein schranken=

artiger Aufbau zwischen Chor und Langhaus) nicht. Man irrt schwerlich, wenn man den Ursprung der Kanzel mit dem Wiederaufblühen der Predigt im 13. Jahrhundert unter dem Einflusse der beiden Bettelorden in Verbindung bringt. In Teutschland brach sich die Kanzel nur allmählich Bahn; aus spätromanischer Zeit sind nur wenige Beispiele da. Tagegen erscheint sie im 14. und 15. Jahrhundert bereits weit verbreitet und als ein beliebtes Objekt künstlerischer Gestaltung. Die evangelische kirchliche Kunst findet hier eine reiche Auswahl von zum Teil trefflich ausgeführten Stücken.

Fig. 48.

Der Übergang von dem altkirchlichen Ambou zur eigentlichen Kanzel wird gut veranschaulicht durch die romanische Kanzel in Bücken. (Fig. 50.)

§ 65.

Wie auf die rechte Gestaltung des Altars, so ist auch auf die würdige Bildung und Ausschmückung der Kanzel, als der Stätte der Heilsverkündigung, besondere Aufmerksamkeit zu

7*

wenden. Die Kanzel soll weder ein weltliches Prachtstück noch
ein unscheinbarer Holzbau sein, sondern, wie Worte und Sa=
kramente nebeneinanderstehen, so soll ihr die gleiche Sorgfalt
wie dem Altar werden und ihr so wenig wie diesem heiliger
Schmuck architektonischer oder figürlicher Art fehlen. Doch darf
vor der künstlerischen Seite das praktische Bedürfnis nicht
zurückgestellt werden.

fig. 49.

Über die richtige Stellung der Kanzel ist viel diskutiert worden. Es
sei hier einfach auf den Abschnitt „Grundanlage und Aufbau“, S. 36 ff.
zurückverwiesen. Die Kanzel in den Altarraum einschieben oder gar über
dem Altar aufzubauen, ist unstatthaft.*) Noch häufig findet man in alten
Kirchen die Kanzel in der Mitte des Schiffes an einem Pfeiler angebracht.
Da nämlich im Mittelalter die Gemeinde kein festes Gestühl hatte und
also entweder stehend oder auf beweglichem Gestühl um den Prediger sich
sammelte, war diese Stelle in praktischer Hinsicht sehr günstig; jetzt aber,

Wenn S. 25 gesagt worden ist, daß die Kanzel ideell dem Altarraume
angehöre, so ist damit gemeint, daß sie an die abschließende Grenzlinie des
Altars und des Langhauses zu stehen komme.   V. S.

wo wir festes Gestühl haben, ist sie das gerade Gegenteil, weil dann sämt=
liche Bänke zwischen Kanzel und Altarraum als sog. Doppelsitze geordnet
werden müssen, wodurch viel Platz verloren geht. Ganz verwerflich ist es,
die Kanzel beweglich einzurichten. Sie soll einen festen Platz haben.

Der Aufbau der Kanzel erfolgt über einer polygonen oder runden
Grundfläche; es lassen sich von hier aus mancherlei Formen gewinnen, ein=

Fig. 50.

fache und reiche. Eine zierliche, in Stein gehauene alte gotische Kanzel be=
sitzt die Stiftskirche in Stuttgart (Fig. 51); in einfacher Gotik ist entworfen
Fig. 52 (Eichenholz). Was die Ornamentik der Kanzel anbetrifft, so sei man
nicht zu ängstlich, wenn die Mittel es gestatten, über das Mittelmaß hinaus=
zugehen. Obwohl man in der Regel als Material Holz wählen wird, so
soll doch auch Stein (Marmor, Sandstein, Backstein) nicht außer Frage

bleiben; gerade mit diesem Material läßt sich — besonders mit Backstein — eine hübsche Färbung erzielen, wie neuere Kanzelbauten von Hase u. a. zeigen. Als figürliche Darstellungen eignen sich der Herr, sitzend und in der Linken ein aufge=schlagenes Buch haltend und die Rechte segnend erhebend, die Evange=listen, entweder in wirk=licher Darstellung oder in ihren Symbolen, Pro=pheten, Apostel (doch jene nie ohne diese). Dazwischen können sich Sprüche flechten.

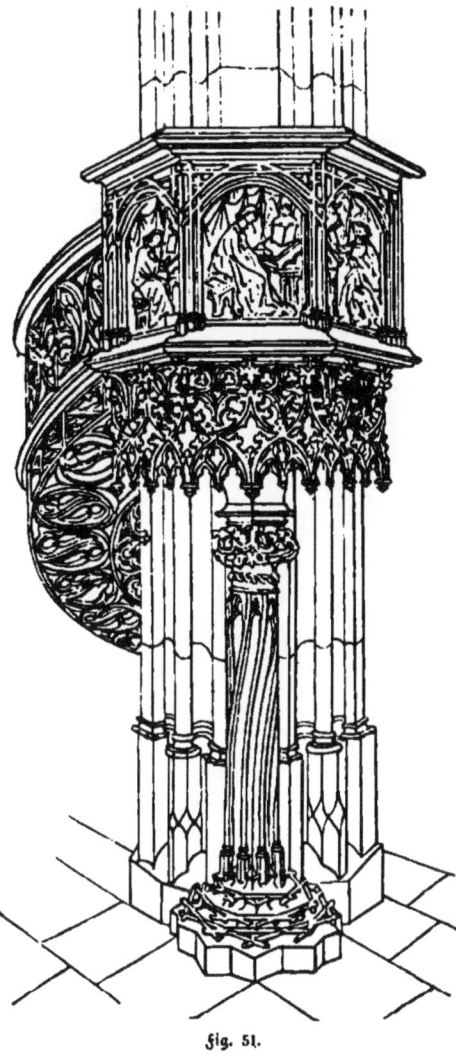

Fig. 51.

Die Höhe der Kanzel muß einmal den Höhen=verhältnissen der Kirche angemessen, vor allem aber so sein, daß der Prediger nach allen Sei=ten sehen und von allen Seiten gesehen werden kann. Wenn die Kanzel zu hoch ist, kann der Prediger leicht schwin=delig werden. Das höchst=zulässige Maß sind 4 m vom Fußboden der Kirche bis zum Fußboden der Kanzel. Hohe Emporen erheischen allerdings manchmal eine sehr be=deutende Höhe der Kan=zel. — Die innere Weite der Kanzel soll nie unter 1 m betragen; ebenso bemißt sich die niedrigste Höhe der Kanzelbrüstung auf 1 m; doch nimmt man besser 1,10—1,20 m.

In größeren Kirchen ist ein notwendiges Zubehör zur Kanzel der Schalldeckel, welcher dazu dient, die Stimme des Predigers zusammen=zuhalten. „Aus seiner oberhalb der Kanzel schwebenden Lage geht hervor,

fig. 62.

daß man mit dem architektonischen Aufbau in Hinsicht auf die Höhenent=
wickelung sehr vorsichtig verfahren muß, da eine Deckenstützung konstruktiv

wie formell schwierig herzustellen ist, und das harmonische Wechselverhältnis zwischen dem Deckel und der Kanzel zu leicht überschritten werden kann. Die meisten vorhandenen Schallbedel machen sich in der Regel viel zu breit und wachsen unnötigerweise zu Türmen und ganzen Gebäuden en miniature an. Es empfiehlt sich deshalb, wenn die Verhältnisse der Kirche einen Aufbau erheischen, diesen nicht turmartig zu gestalten, sondern der Leichtig= keit und Zierlichkeit wegen nur mit Fialen und Strebebögen zu komponieren, wobei speziell die Holzkonstruktion betont werden muß. Andernfalls genügt eine der Grundform der Kanzel sich anschließende einfache Überdachung, deren flache Decke höchstens noch auf den Ecken hervortretender architektonischer oder figürlicher Zuthaten — Propheten, Evangelisten, Apostel — bedarf."*)

§ 66.

Für die kirchlichen Lektionen soll ordnungsmäßig, ent= sprechend dem alten Brauche der Kirche, ein eigenes Lesepult hergerichtet werden, auf welchem die sonntägliche Epistel bezw. das Evangelium zur Verlesung kommen. Dasselbe hat seinen Platz an den Altarschranken, und zwar an der Südseite, der Kanzel gegenüber. Das geeignetste Material ist Holz.

In Mitteldeutschland hat sich vielfach aus früheren Zeiten noch die gute Sitte erhalten, daß der Geistliche das Evangelium bezw. die Epistel von einem besonderen Lesepult liest, welches meist an den Stufen, welche zum Chor führen, oder an dessen Schranken und zwar an der rechten Seite seinen Platz hat. Im übrigen evangelischen Deutschland muß der Geistliche vor dem Altar, das Gesicht der Gemeinde zugewendet, beim Vorlesen die Bibel in freier Hand halten, aber die Stellung, welche er dabei einnehmen muß, ist durchaus keine würdige; zudem ist auch die Altarbibel meist sehr groß und schwer, was vielfach zu der Unsitte geführt hat, daß der Geistliche neben der größeren noch eine kleinere Bibel auf dem Altar liegen hat. Das frühere Mittelalter hatte für die kirchlichen Lektionen besondere Ambonen, aus welchen später die Kanzel hervorging; dasselbe bestand aus zwei Pulten, deren eines (links) zum Verlesen des Evangeliums, das andere (rechts) zum Verlesen der Epistel diente. In großen gotischen Kirchen fand später von dem sog. Lettner (lectorium), der Emporbühne über den Chor= schranken, die Schriftverlesung statt. Da auch durch das Schreiten des Geistlichen vom Altar zum Lesepult und wieder zurück eine wohlthuende Bewegung in die Liturgie kommt, so wäre die allgemeine Einführung solcher Pulte durchaus zu wünschen.

Das erste Erfordernis für ein solches Lesepult ist, daß es absolut sicher und fest steht, auch nicht zu hoch und zu niedrig sei. Die früheren Pulte wurden aus Holz, später vielfach auch aus Metall hergestellt. Häufig diente ein Adler, das Symbol des Evangelisten St. Johannes, als Träger des Pultbrettes, manchmal erscheinen auch die vier Evangelisten als Stützen des ganzen Pultes; so an einem sehr alten holzgeschnitzten Pulte in der Kirche zu Freudenstadt in Württemberg. Ein ganz in Messingguß ausgeführtes Adlerpult stellt nebenstehende Abbildung dar (Fig. 53).

Daß diese Pulte zugleich zum Verlesen der Predigt durch den Küster in Abwesenheit des Geistlichen dienen können, ist selbstverständlich. Es wird also dadurch auch die ungehörige Sitte vermieden, daß der Küster von der Kanzel aus oder gar vom Altar aus vorliest. Schön gearbeitete Pulte bedürfen keinerlei Bekleidung. Doch soll unter dem Pulte ein Teppich ausgebreitet sein.

Fig. 53.

§ 67.

Bei der Einrichtung des Gestühls kommen in erster Linie praktische Rücksichten in Betracht, denen nach Möglichkeit Rechnung getragen werden muß. Wenn es irgendwie angeht, begnüge man sich nicht mit dem allernotwendigsten. Doch soll das Zweckmäßige in einfach schöne Formen gefaßt sein; überreiche Kunstentfaltung wirkt hier störend. Das Chorgestühl dagegen darf nicht nur, sondern soll sich dem Auge kunstvoller und reicher darstellen. Seine Bedeutung und sein Standort bringt das mit sich.

Ein festes Gestühl, in welchem man bequem sitzen, stehen und knieen kann, ist in einer evangelischen Kirche nicht zu entbehren. Über die ganze Gruppierung des Gestühles im Kirchenraum lassen sich indes bestimmte Vorschriften nicht geben, nur ist es durchaus wünschenswert, daß ein mindestens 1,50 m breiter Mittelgang vom westlichen Eingang zum Altarraum führt, daß die einzelnen Bänke nicht zu lang angelegt werden, damit diejenigen, welche die letzten Plätze haben und später kommen als die übrigen, nicht zu mühsam sich durchzuwinden brauchen, und daß schließlich möglichst von jedem Platz der Geistliche vorm Altar und auf der Kanzel gesehen werden kann. Das Sitzbrett darf nicht niedriger angebracht werden wie der Sitz bei gewöhnlichen Stühlen, also circa 46 cm hoch, und muß nach hinten geneigt sein; ebenso muß die Lehne schräg liegen. Mit besonderer Sorgfalt muß die Lage des Knie= bezw. Fußbrettes jedesmal je nach der Entfernung der einzelnen Bänke voneinander durch Probieren ermittelt werden Das Buchbrett sollte nie fehlen und auch nicht zu steil angebracht werden. Sehr praktisch ist die Anbringung von Haken aus Eisendraht unter den Sitzbrettern, an denen die Männer ihre Hüte, und zwar jeder unter der Bank vor ihm, aufhängen können.

In vielen Landkirchen wird das Gestühl auf gewöhnlichem Backstein= pflaster aufgestellt, und es werden nur Bretter für die Füße gelegt. Das ist eine unstatthafte Sparsamkeit; im Winter ist es auf solchen Bänken vor Zug und Kälte an den Füßen nicht auszuhalten. Außerdem ist ein voll= ständig gespundeter Fußboden verhältnismäßig keine teure Sache. Ebenso sucht man häufig eine volle Rückenlehne zu sparen und bringt nur ein schmales Brett zum Anlehnen an. Für den Rücken des sich Anlehnenden ist dies Brett eine Qual, und ein solches Gestühl macht einen gar zu not= dürftigen Eindruck. Spare man lieber am Äußeren des Gotteshauses und vermeide jeden teuern Schmuck und richte dafür im Innern alles gut und solide ein.

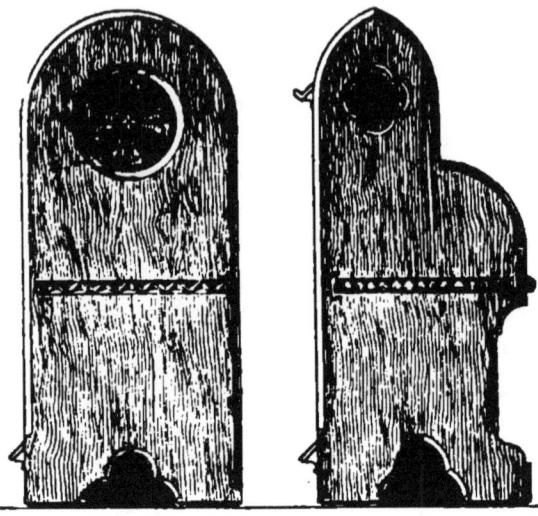

Fig. 54.   Fig. 55.

Fig. 56.   Fig. 57.

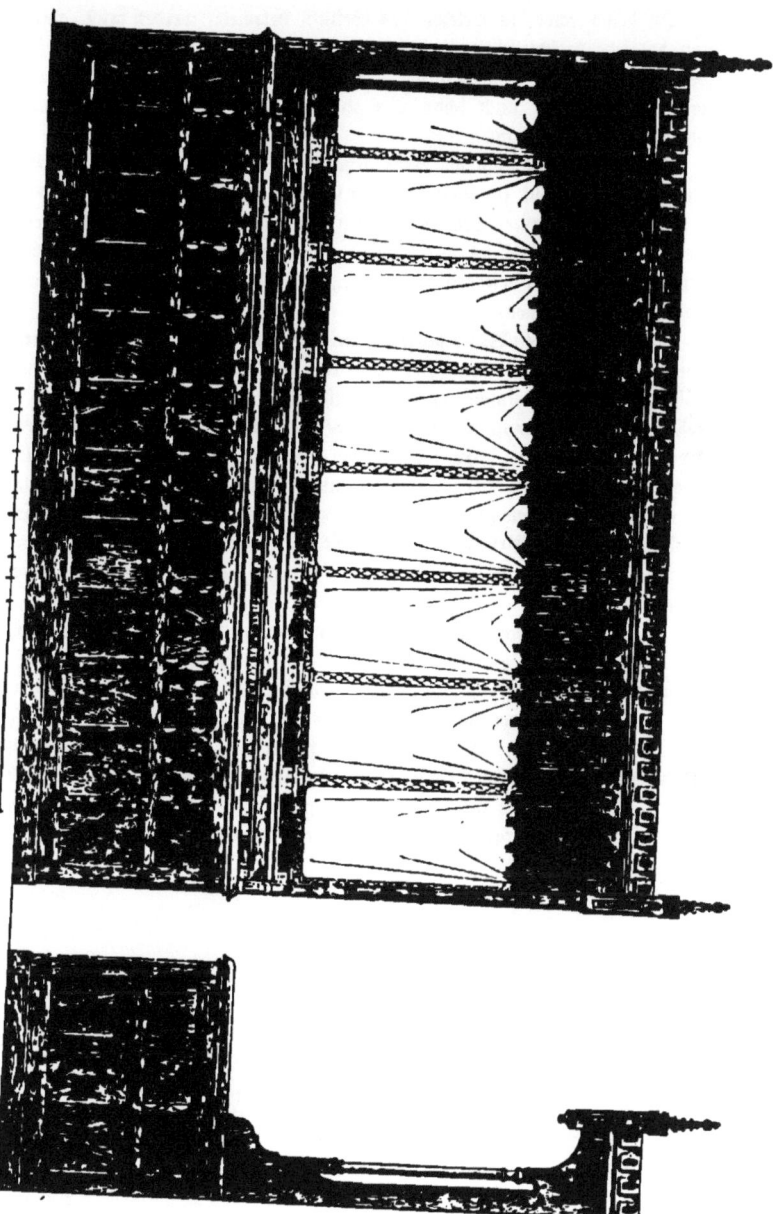

Fig. 68.

In den Kirchen, in welchen das Gestühl vermietet werden muß, glaubt man dasselbe verschließbar machen zu müssen. Das fortwährende Schließen aber und Klappen mit den Thüren stört die Andacht der Versammlung, und man hat sich daher auch schon hier und da durch geeignete Maßnahmen anders zu helfen gewußt.

So einfach sonst auch die Bank gehalten werden kann, auf ein kirchlich= stilvolles Wangenstück zur Seite an den Gängen sollte stets gesehen werden. Es müssen aber Formen gewählt werden, die nicht an Theater und Konzert= säle erinnern. In Fig. 54 und 55 sind ganz einfache, in Fig. 57 ein etwas reicheres Wangenstück wiedergegeben. Fig. 56 gibt die Ansicht der Kirchen= bank von vorn gesehen.

Daß die einzelnen Bänke möglichst weit von einander stehen, also genügend Zwischenraum zwischen dem Sitzbrett und der Lehne der vorderen Bank bleibt, ist natürlich wünschenswert, doch ist selten eine evangelische Kirche so groß angelegt, daß man in dem Abstande der Sitzreihen von einander ver= schwenderisch sein kann. Es sollte jedoch als geringster Abstand von einer Lehnen=Oberkante zur anderen 0,85 m, nur in den beschränktesten Verhält= nissen 0,80 m genommen werden, wünschenswert ist aber 1 m. Die vorderste Bank muß von der Brüstung etwas weiter abstehen, weil die hier Sitzen= den die Füße nicht wie bei den anderen Bänken unter die vorderen setzen können.

Auch der Chorraum bietet häufig noch Platz genug, um an den Wänden, aber auch nur hier, ein Gestühl, sei es für den Patron, den Gemeinde= Kirchenrat oder in Rücksicht auf größere kirchliche Feierlichkeiten anzubringen. Dies Gestühl muß aber im Äußern wesentlich reicher ausgebildet sein wie das übrige im Schiff. Das Mittelalter hat uns viel herrliches, kunstvoll gearbeitetes und geschnitztes Chorgestühl überliefert. Dasselbe kann uns noch heute als Vorbild, auch was die innere Bequemlichkeit anlangt, dienen. Ein einfach stilvolles Chorgestühl ist in Fig. 58 dargestellt.

§ 68.

Zu den durch den Kultus und die kirchliche Sitte ge= schaffenen Gegenständen des inneren Kirchenraumes gehören ferner der Opferstock, die Verstafeln und die Gedenktafeln. Sie sind nach Maßgabe dessen, was bereits über die vorwiegend praktischen Stücke des kirchlichen Inventars bemerkt worden ist, zu gestalten.

1) Im Mittelalter diente ein ausgehöhlter Baumstamm oder ein aus starken Brettern zusammengefügter Kasten, jedesmal stark mit Eisen be= schlagen, stehend oder liegend an den Kirchenthüren angebracht, zum Ein=

sammeln der milden Gaben für die Armen oder der besonders angeordneten Kollekten. Heute werden verschließbare Büchsen von sehr verschiedenen Formen oder offene Teller aufgestellt. Sehr geschmacklos sieht es aus, wenn Stühle oder gar, wie es sehr häufig vorkommt, dünne Dreifüße als Untergestell für das Opfergerät dienen.

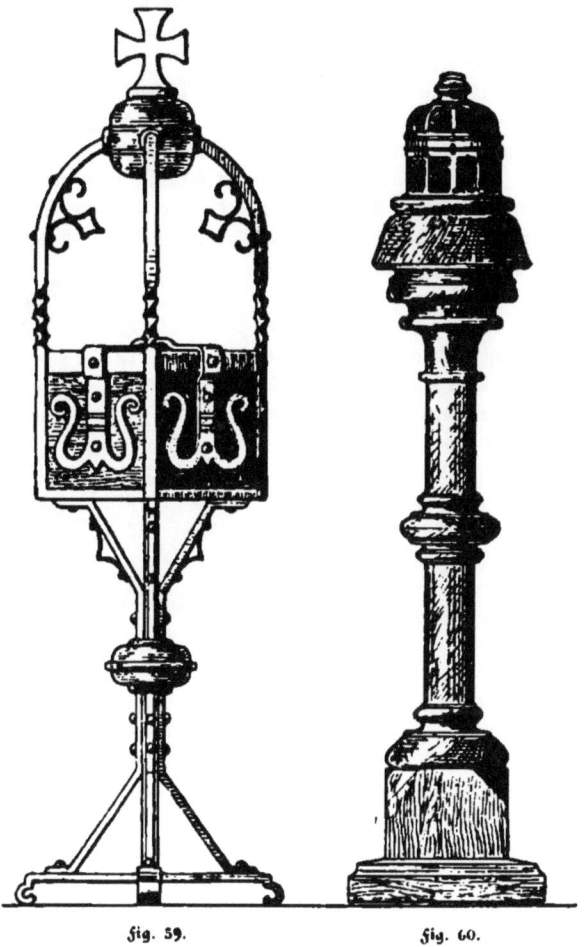

Fig. 59.   Fig. 60.

Die Opferbüchse sollte stets so gestaltet sein, daß sie nicht an gewöhnliche Familiensparbüchsen erinnert. Als Träger diene eine sicher stehende Säule, wie Fig. 59 es darstellt. Hübscher und würdiger aussehend ist ein Holzkasten mit kräftigem Eisenbeschlag wie Fig. 60. Zum Befestigen an der Wand eignet sich Fig. 61, gleichfalls aus Holz mit Eisenbeschlag. Sehr hübsch würde sich auch eine kleine Engelsfigur, den Opferkasten in den Händen haltend, ausnehmen. Offene Teller sollten nur dann zum Einsammeln verwendet werden, wenn sie von Personen an den Eingängen gehalten werden können.

2) Die Lieder- oder Nummertafeln zur Anzeige der Gesänge im Gottesdienst sind zwar keine die Kirche verschönernde, aber doch ganz unentbehrliche Ausstattungsstücke; man sollte sie stets würdig, dem Stile der Kirche entsprechend, aber nie monumental gestalten.

Früher behalf man sich meist mit schwarz gestrichenen Tafeln, auf welche der Küster die Nummern mit Kreide schrieb. Der größeren Deutlichkeit wegen sollte man stets kleine verstellbare Täfelchen benutzen, auf welche eine Nummer, am besten weiß auf blauschwarzem Grunde, aufgemalt ist. Diese Täfelchen werden zwischen Falzleisten an der Liedertafel eingeschoben. Die Anzahl der Nummerreihen ist sehr verschieden, je nach Gewohnheit und Gestaltung des Gottesdienstes; für gewöhnlich genügen 4 Reihen, je eine für das Eingangslied, das Hauptlied, das Lied nach der Predigt und am Schlusse des Gottesdienstes. Will man dann noch das Lied während der heiligen Kommunion anzeigen, so kann in der Reihe des Hauptliedes das Lied nach der Predigt, welches doch meist nur aus Endversen des Hauptliedes besteht, angereiht werden. Die Höhe der Täfelchen zwischen den Leisten kann 10—15 cm betragen, je nach der Größe der Kirche, für gewöhnlich reichen 12 cm aus.

Fig. 61.

Über den Ort zur Befestigung der Liedertafeln entscheidet stets die Disposition der Sitzplätze; es lassen sich darüber keine Regeln feststellen; nur sollte man, wenn irgend möglich, vermeiden, dieselben frei auf Ständern an den Gestühl-Wangen im Mittelgange anzubringen, da dadurch der freie Blick auf den Altar gehindert wird und das Ganze an profane Einrichtungen erinnert. Fig. 62 zeigt eine ganz einfache Liedertafel, aus einem Brett mit aufgeschobenen Falzleisten bestehend, Fig. 63 eine etwas reicher gestaltete Tafel.

3) Das Mittelalter liebte es, verehrten und um das Wohl der Gemeinde oder des Vaterlandes verdienten Männern in der Kirche Denkmäler zu setzen, und wenn diese in kirchlichem Stile gearbeitet sind und an einem Platze, wo sie die Architektur der Kirche nicht beeinträchtigen, angebracht werden, läßt sich auch heute nichts dagegen einwenden.*) Nur der Chor-

---

*) Vergl. indes § 51.

raum muß unter allen Umständen frei von dergleichen Denkmälern bleiben. Es ist z. B. unschicklich, die Porträts der Geistlichen, die an der betreffenden Kirche gewirkt haben, rings um den Altar zu plazieren, und doch sieht man das immer noch sehr häufig. Will man diese an sich gewiß lobenswerte Pietät üben, dann hänge man die Bilder in der Sakristei oder sonst in einem Nebenraume auf. Selbst mit Luther= und Melanchthon=Bildern sollte man vorsichtig sein.

In Fig. 64 ist eine Gedenktafel abgebildet, wie sie sich z. B. zur Erinnerung an gefallene Krieger eignen würde.

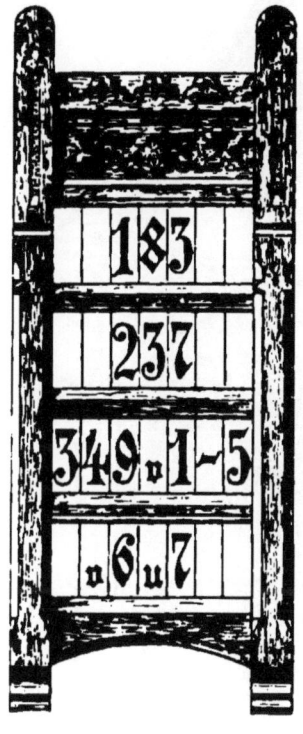 

Fig. 62.   Fig. 63.

§ 69.

Zu dem schönsten Schmuck der Kirche zählt die Glasmalerei, die außerdem dem Innern die profane Helligkeit nimmt und jenes gedämpfte Licht schafft, welches der Zurückgezogenheit der andächtigen Seele entspricht. Daraus ergibt sich, daß

Fig. 14

Fenster mit ornamentalen oder figürlichen Malereien in jedem Falle zu erstreben sind; wenigstens sollte das Chorfenster nie ohne solche sein. Verbieten es die Mittel, so gewährt die einfache Rautenverglasung einen gewissen Ersatz. Es ist immer streng darauf zu achten, daß das Glasmosaik nicht den Charakter eines wirklichen Gemäldes annimmt: es soll stets in Flachzeichnung gehalten sein.

Wenn nur sehr geringe Mittel vorhanden sind, so müssen die Fenster mit Rautenverglasung versehen werden, d. h. es werden 12—18 cm als kleinsten Durchmesser haltende Rauten aus grünlichem Glase ineinander verbleit; an der Fensterlaibung oder dem Maßwerk entlang muß aber ein ca. 3 cm breiter, matt weißer oder grünlicher Streifen, dann ein 5—8 cm breiter farbiger Fries herumgeführt werden. Weißes blankes Glas sollte nie zur Kirchenfenster-Verglasung verwendet werden, damit das Licht nicht zu grell einfällt und man nicht von innen die ganze äußere Umgebung der Kirche sehen kann.

Lebendiger als die Rautenverglasung wirkt eine gemusterte Verbleiung, wie sie in Fig. 65 angegeben ist; man kann hier verschieden getönte Gläser verwenden, und man kann auch in den verschiedenen Fenstern verschiedene Muster zur Anwendung bringen. Die farbigen Friese wirken noch schöner, wenn sie mit einem einfachen Muster in Schwarz bemalt sind.

Am meisten empfiehlt sich das gegossene, sog. Kathedralglas, welches eine unebene Oberfläche hat und daher niemals monoton wirkt, sondern einen prächtigen Glanz besitzt; außerdem ist dieses Glas bedeutend haltbarer wie das dünnere Tafelglas.

Alle diese Arten der Verglasung sind doch nur ein Notbehelf, wünschenswert ist es, daß sämtliche Fenster mit wirklicher Glasmalerei versehen werden, damit sie wie mit einem glanzvollen Teppich verhängt erscheinen und man wohl das von außen eindringende Licht verspürt, aber ohne davon geblendet zu werden. „Gemalte Fenster", sagt Uhland, „scheinen mir einer christlichen Kirche wesentlich, denn die Stätte ist nicht geschlossen, so lange das Auge durch die Fenster in den weiten Himmel blickt. Zum Kirchenfenster gehört, daß es keinen Blick, keinen Gedanken hinauslasse, dafür aber allem Himmlischen zum Eingange diene."

Es ist nicht nötig, daß alle Fenster einer Kirche mit figürlicher Glasmalerei geschmückt werden, für die Fenster des Schiffes genügt schon eine einfache Teppichmalerei, schwarz auf grünlichem oder sonst getöntem Glase (Grisaillen). Diese kann durch farbige Friese, Rosetten oder dergleichen noch gehoben und bereichert werden; ebenso können Medaillons mit figürlichen Darstellungen, Wappen ꝛc. eingefügt werden. Eine einfachere Grisaille mit farbigem Friese und einem figürlichen Medaillon zeigt Fig. 66.

Im Chorraum ist ein figürlicher Schmuck der Fenster einem rein ornamentalen vorzuziehen; die Gestalten Christi und seiner Apostel, Szenen aus
der heiligen Geschichte bieten Überfülle an Material. Doch sollen im Chor-

Fig. 65.

fenster vorwiegend der thronende Christus oder die Himmelfahrt oder die
Kreuzigung gewählt werden. Hat der Altar nur einen niederen Aufsatz wie
in Fig. 24, oder gar keinen, so tritt die Glasmalerei des hinter dem Altar

8*

etwa befindlichen Fensters sehr passend als Ersatz für ein sog. Altarbild, welches wegen ungenügender Beleuchtung oft nur schlecht von der Gemeinde

Fig. 60.

zu sehen ist, ein und ist weniger kostspielig und in den Farben weniger vergänglich als dieses.

Es kann endlich nicht genug darauf hingewiesen werden, daß die Glas=malerei anderen Gesetzen zu folgen hat als die Staffeleimalerei, daß sie vor allem flach, mosaikartig zu halten ist, daß tiefe Schatten und Perspektiven gänzlich zu vermeiden sind, daß allzu figurenreiche und große Kompositionen für sie nicht passen, sondern daß sie sich mehr in Einzeldarstellungen ergehen muß.

§ 70.

Mit besonderem Interesse hat die kirchliche Kunst sich den verschiedenartigen Leuchtern, die im Kirchengebäude notwendig waren, zugewandt. Mit vollem Rechte. Denn schöne Leuchter sind eine Zierde des Gotteshauses. Auf neue Erfindungen in Beziehung auf die Form sind wir nicht angewiesen, da das Mittelalter uns zahlreiche treffliche Muster hinterlassen hat. Es handelt sich im wesentlichen nur darum, diese Formen in Einklang zu setzen mit der modernen Beleuchtungsart.

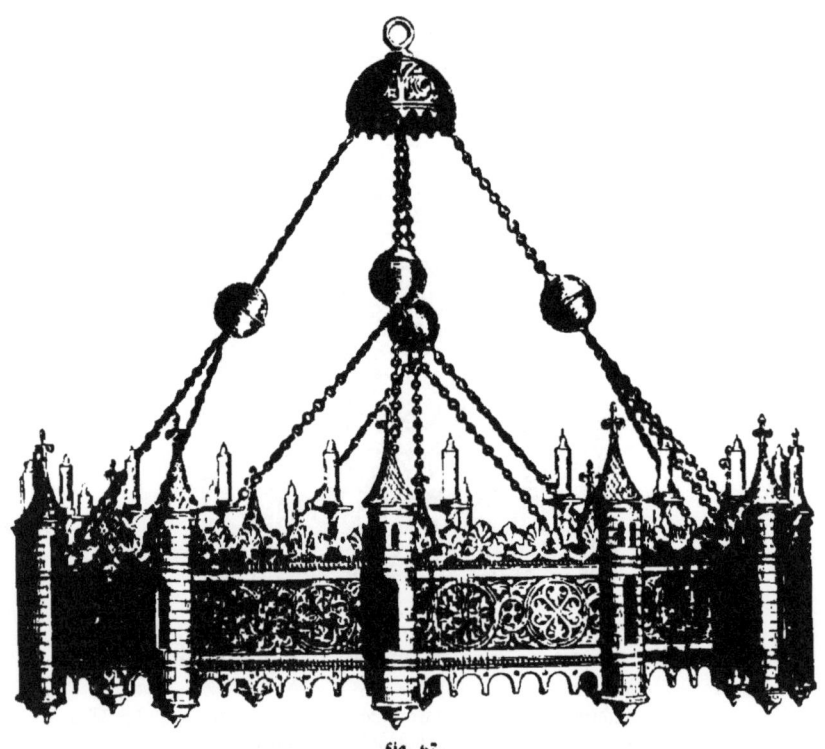

Fig. 67.

Schon in frühester Zeit wurden die christlichen Kirchen mit Lampen erleuchtet (der Kronleuchter in der Hagia Sophia), und das Mittelalter hat mit besonderer Vorliebe Beleuchtungsgegenstände aller Art für die Kirchen kunstvoll geschaffen. Es läßt sich nicht in Abrede stellen, daß eine schön erleuchtete Kirche einen ganz besonders feierlichen und erhebenden Eindruck macht. Selbst bei Tage, wenn keine Lichter brennen, geben die Kronleuchter, Kandelaber, Wandarme, wenn anders sie schön ausgeführt sind, der Kirche ein festliches und freundliches Aussehen.

Fig. 68.

Während man bis vor kurzem nur auf die Beleuchtung durch Kerzen angewiesen war, muß man jetzt in größeren Städten schon meist das Gas oder auch Petroleum verwenden. Gegen Gasbeleuchtung ist im allgemeinen nichts einzuwenden, Petroleum aber sollte, weil es leicht blakt und immer übeln Geruch verbreitet, in der Kirche nicht gebraucht werden. Die Kerzen-beleuchtung ist auch heute noch die schönste.

Wenn Gas verwendet werden soll, ist es in hohen gotischen Kirchen nicht leicht, Kronleuchter anzubringen, man beschränkt sich daher in diesen meist auf die Aufstellung von mehrflammigen Kandelabern beim Gestühl zu beiden Seiten der Gänge oder auf Wandarme an Pfeilern und Wänden.

Fig. 69.

Leichter, gefälliger und kunstvoller lassen sich sämtliche Beleuchtungsgegenstände für Kerzen herstellen; alle Stilperioden des Mittelalters haben uns mustergiltige Formen hinterlassen. In der romanischen Periode wurde die

Reifenform bevorzugt; man wollte ſymboliſch das himmliſche Jeruſalem in dem Kronleuchter abbilden, den Mauerring mit ſeinem Zinnenkranze, ſeinen 12 Türmen und Thoren. Solche Kronleuchter ſind noch in Aachen, Hildesheim und Komburg erhalten geblieben. Im Sinne dieſer alten Kronen iſt Fig. 67 neu erfunden (132 cm Durchmeſſer zu 24 Kerzen).

Die gotiſche Stilperiode behält zunächſt noch die Reifenform bei, fügt aber ſpäter noch die Kronenbügel — vgl. Fig. 68 — hinzu. Als etwas

Fig. 70

ganz Neues verwendet die Gotik eine Figur — meiſt eine Madonna mit dem Chriſtuskinde, ſei es in einer Art Heiligenhäuschen — ſiehe Fig. 69 — ſei es frei ſchwebend, wobei dann die Lichtarme von dem Sockel ausgehen. Die Renaiſſance endlich behält von den ſpätgotiſchen Leuchtern die Hängeſäule, von welcher die geſchweiſten Arme abgehen; man veränderte nur die Details und brachte unten zum Reflektieren des Lichtes noch eine große Kugel an — Fig. 70 —, daher dieſe Art Kronleuchter auch Kugelkronen genannt werden. Schmiedeeiſen mit paſſender Bemalung iſt ein ſolides und schönes Material für Beleuchtungszwecke, das beste aber bleibt doch Bronze und nächst ihr Messingguß; die helle, leuchtende Farbe paßt so recht zum Glanz der Lichter, während Schmiedeeisen meist sehr düster und ernst aussieht. Man stellt auch aus Messingrohr und ausgeschnittenen Blechen recht hübsche zierliche Kronleuchter her, aber der Guß ist wegen der größeren Solidität entschieden vorzuziehen.

Gänzlich zu verwerfen ist Eisenguß und Zinkguß, einmal weil das Material unwürdig und unsolide ist, und dann, weil eine Reparatur daran ganz unmöglich ist.

Man hüte sich auch vor den Reklamen mit „echter Goldbronze"; diese ist weiter nichts als Messing mit einem billigen dunkelgelben Firnis über zogen, der später noch nachdunkelt und dann in allen Regenbogenfarben schillert. Häufig verbirgt sich hinter diesem Firnis noch dazu eine recht schlechte Messinglegierung. Daß Wandarme und etwa nötige Kandelaber im Stil möglichst mit den Kronleuchtern harmonieren müssen, versteht sich von selber. Zum Aufhängen von Kronleuchtern verwende man keine Hanf= seile, weil diese ein fortwährendes Drehen der Kronen verursachen, sondern lange Kettenglieder aus farbig gestrichenem Schmiedeeisen, deren einzelne Glieder womöglich mit blanken Messingkugeln geschmückt sind.

Th. P.

§ 71.

Die Orgel muß in ihren Dimensionen im richtigen Ver= hältnisse zu den Maßen des Innenraumes stehen. Ihre Stelle hat sie an der Westseite, woselbst sie auf einer der Emporen auf= zubauen ist und zwar in einer künstlerischen Ausgestaltung, die dem Charakter des Ganzen entspricht, doch so, daß die Form eines Gebäudes vermieden wird. Im Übrigen müssen bei der Herstellung dieses Inventarstückes Architekt und Orgelbauer sich die Hand reichen.

Die Orgel ist zunächst ihrem Innern nach ein Kunstwerk für sich, dessen Technik zu behandeln hier nicht am Platze sein dürfte. Man wird wegen dessen Beschaffung stets mit dem Orgelbaumeister direkt zu verhandeln haben, wobei nur darauf aufmerksam zu machen ist, daß letztere sehr gern die Orgel thunlichst groß und mächtig herstellen wollen und dabei gar leicht in Bezug auf Stärke und räumliche Ausdehnung die Grenzen überschreiten. Eine zu starke Orgel schädigt sich selbst in ihrer Wirkung, und ein zu großes Orgelgehäuse schadet dem Eindruck des Gebäudes ungemein. Auch haben die Orgelbaumeister nur selten genügende Stilkenntnis und Selbstverleugnung, um stilgerechte Gehäuse zu liefern. Hier ist also vor allem nötig, daß dem bauleitenden Architekten genügender Einfluß, am besten das Recht, das Orgelgehäuse zu entwerfen, gewahrt bleibt. Andererseits aber ist nötig, daß schon bei Entwerfung der Kirche, besonders der Orgelempore und des Gebläseraumes, der Orgelbaumeister mit zu Rate gezogen werde. Zu große Höhe der Orgelempore über dem Fußboden schadet dem Klange ungemein, wie denn auch sonsthin durch ungünstige Raumverhältnisse, durch falsche Anbringung eines Fensters u. dergl. das Werk beträchtlich leiden kann. Einlegung der Gebläse in den Bodenraum über der Orgel ist wegen des dort herrschenden Temperaturwechsels thunlichst zu vermeiden.

Bekanntlich wurde die Orgel schon im 8. Jahrhundert bei uns bekannt, und bereits im 9. Jahrhundert wurden deutsche Orgelbauer ins Ausland berufen. Von Orgeln der romanischen Zeit sind uns nur ungenügende Abbildungen erhalten, die jedoch beweisen, daß die Pfeifen, ähnlich wie man noch jetzt in England vielfach verfährt, nur in einem stützenden oder haltenden Gerüst von Stäben standen, das eigentliche Gehäuse aber nur das Unterwerk umgab. Dazu könnte man also allenfalls bei Entwerfung eines Orgelgehäuses für eine im romanischen Stil gehaltene Kirche zurückgreifen; es ist dies aber kaum ratsam, erstens weil uns diese Form zu fremd geworden, zweitens weil solche Orgeln ungemein durch Temperaturwechsel, Staub ꝛc. zu leiden haben. In der Zeit der Gotik wurden die Orgeln sehr vervollkommnet. (Das Pedal kam nicht erst zur Renaissancezeit auf, sondern findet sich schon 1418 zu Beeslow und 1470 aus Teutschland in Venedig eingeführt.) Einzelne Orgelgehäuse spätgotischen Stils haben sich erhalten z. B. zu Kiederich, Straßburg (1493), Bützow, Lübeck (1504, 1516 ꝛc.) Die damaligen Meister gestalteten das Orgelgehäuse, wie die Überbauten der Altarschreine, in leichten, zierlichen Formen, wie sie sich für ein Holzgerät eignen. Jetzt macht man vielfach den Fehler, die Vorderfront der Orgel als Gebäude zu gestalten, ja den Bögen, Pfeilern, Wimpergen und Türmchen Steinformen zu geben, auch wohl gar sie in Steinfarbe zu streichen. Beides ist streng zu vermeiden.

Ein dritter häufig vorkommender Fehler fußt auf der Anschauung, es sei ungehörig, wenn bei einer zweitürmigen Anlage oder bei seitlicher Stellung des Turmes die Westfronte im Innern durch die Orgel zugedeckt werde, weil dadurch der Zusammenhang zwischen Außen- und Innenbau gestört sei. Dieser Satz, der deshalb falsch ist, weil bei der evangelischen Kirche laut kirchlichem Herkommen und demgemäß der Liturgik, die Westseite für die Orgel die richtige Stelle ist und dies wichtiger sein muß, als rein architektonisch-ästhetische Rücksichten, hat vielfach dazu verleitet, das Orgelgehäuse nur unten als Ganzes, im Oberbau in zwei Seitenteile getrennt zu gestalten, damit man das Radfenster oder dergl. gut sehe. Wenn es nicht möglich ist, das Radfenster in das Orgelgehäuse einzuarbeiten, dann verzichte man lieber auf seine, allerdings sehr schöne Wirkung, als daß man der Entwickelung des Orgelgehäuses Zwang anthue; besonders in der Gotik ist letzterem ein schlankes Aufsteigen nach der Mitte hin geradezu nötig und darf nicht unter einer, im Kirchenbau doch nur sekundären Rücksicht rein ästhetischer Art leiden. Am besten ist es, der Orgelbaumeister reicht eine Disposition der Pfeifenstände und Pfeifenstöcke, sowie des Klaviaturschranks ein und diese wird vom Architekten seinem Entwurf zu Grunde gelegt. Direkte räumliche Hemmnisse werden bei einmütigem Zusammenwirken beider Meister leicht zu überwinden sein. An Anlaß zu sinnigem Schmuck in Spruch und Bild neben der architektonischen Zier fehlt es nicht. David, Mirjam, musizierende Engel können angebracht werden. Die Hauptaufgabe muß aber stets dahin gerichtet sein, das Ätherische des Tons durch leichte, zierliche Verhältnisse anzudeuten. O. M.

§ 72.

Wichtig ist die Frage der Heizung der Kirche. Das einfachste Mittel, die Ofenheizung, hat so viele Unzuträglichkeiten, daß sie, wenn irgendwie möglich, vermieden werden sollte. Auch die Zentralheizung, eine meist unterirdische Konzentration der Heizung, hat noch manche Mängel. Unter ihren vielen Arten ist die älteste die Luftheizung, besonders die schon im Altertume angewandte Kanalheizung, welche neuerdings sehr verbessert worden ist. Indes werden die Vorzüge derselben überholt durch die erst in jüngster Zeit versuchte und wohlbewährte Niederdruckheizung, bei welcher in einem Niederdruckkessel und vermittelst eiserner Röhren die Wärme dem inneren Kirchenraume zugeführt wird. Zu den mannigfachen Vorteilen dieser an sich einfachen Methode gehört die gleichmäßige Erwärmung aller Teile der Kirche. Bequemer in Anlage und Handhabung ist Heizung durch Gasöfen.

Die Aufstellung mehrerer Öfen in der Kirche wird immer eine ungleichmäßige Erwärmung hervorrufen, die von der Gemeinde unangenehm empfunden wird. Dazu kommt noch der Schmutz und Staub, den Kohle und Asche erzeugen und der sich bald an den Wänden bemerklich macht. Auch liegt die Gefahr des Einrauchens nahe. Diese Mißstände führten dazu, einen Zentralofen einzurichten und zwar unterhalb des Kirchenfußbodens. Die Einrichtung ist folgende. Vom Fußboden der Kirche führen ein oder mehrere Kanäle, die zuletzt in einen zusammenlaufen, zu dem großen Ofen oder einen kleineren Kalorifer und von dort wieder in die Kirche zurück. In jene fällt die kalte Luft, um erwärmt durch diese in die Kirche zurückzuströmen (Kaltluft-

kanäle — Warmluftkanäle). Von der Heizung wird im Innern der Kirche weiter
nichts bemerklich als die die Kanäle abdeckenden Gitter. Die Erwärmung
geht verhältnismäßig langsam vor sich, und dieser Umstand macht es nötig,
daß die Heizung sehr frühzeitig begonnen werde, bei strenger Kälte schon
des Tages vorher. Zudem ist der Verbrauch von Heizmaterial ein bedeutender. Auf ähnlichem Systeme beruht jede Zentralheizung. Eine besondere
Art der Luftheizung nennt man gewöhnlich, obschon ungenau, Kanalheizung.
In einem unterkellerten Raume an dem einen Ende der Kirche — meistens im
Turme — sind die Feuerungen untergebracht und zwar in einer Zahl, die
der Größe der Kirche entspricht. Durch gemauerte Kanäle tragen gußeiserne
Rohre, gewöhnlich von rechteckigem Querschnitt, die Verbrennungsgase von
jenen Feuerungen aus in den inneren Raum. Die Kanäle liegen in der
Regel unter den Gängen des Kirchenschiffes angebracht und sind mit guß-
eisernen Fußbodengittern bedeckt. Auf diese Weise verteilt sich allerdings die
Wärme ziemlich gleichmäßig. Der Aufwand an Heizmaterial ist geringer
als bei dem Kalorifer. Doch ist vollständig gleichmäßige Lusterwärmung im
ganzen Innenraum nicht zu erreichen, sowohl weil die Heizung nur unter
den Gängen angebracht ist, als auch weil die Heizrohre nahe am Ofen zu
heiß, entfernt davon zu kühl sind. Ersteres hat sogar schon öfter zum Ver-
brennen der Bänke geführt. Warmwasserheizung, deren Röhren leicht zer-
frieren, erwärmt nicht genügend. Eigentliche Dampfheizung, sowohl mit
Hochdruck als mit Mitteldruck, birgt die Gefahr des Explodierens. Dagegen
genügt allen billigen Anforderungen in vortrefflicher Weise die Niederdruckheizung. In einem Kellerraum, welcher an beliebiger Stelle der Kirche oder
auch außerhalb derselben liegen kann, wird die Wärmequelle, der Nieder-
druck = Dampfkessel, aufgestellt. Derselbe — nach A. § 18, 3 der „polizeilichen Bestimmungen" über Anlegung von Dampfkesseln" der polizeilichen
Konzession nicht unterworfen — ist mit der Atmosphäre durch ein 5 m hohes,
weites Standrohr in Verbindung gesetzt und sonsthin so eingerichtet, daß
das Wasser nur zum Beginn der Dampferzeugung (80—95° C.) erhitzt
wird. Die Heizrohre aus Guß= oder Schmiedeeisen liegen in Schlangen
form unter dem hölzernen Podium, welches die Sitze der Kirchenbesucher
trägt, und das Podium selbst ist vielfach durchbrochen, um der Luft freie
Zirkulation zu gewähren; hinter dem Altar und in der Sakristei werden
flache Wandöfen mit Röhrenspiralen aufgestellt. So ist die Hitzfläche in der
ganzen Kirche verteilt. Der Inhalt, Dampf und Wasser, zirkuliert mit einer
Spannung von $^1/_{10}$ bis $^3/_{10}$ Atmosphären in den Rohren, gibt durch Kon-
densation seine Wärme an die Rohre und diese an die Luft ab; das kon=
densierte Wasser fließt in den Kessel zurück, und nach dem Erlöschen des
Feuers auf dem Roste ist das ganze System wasserfrei, so daß auch bei
größter Kälte ein Einfrieren nicht eintreten kann. Die Bedienung des
Kessels und der Heizung ist so einfach, daß sie weder besondere Intelligenz
noch Fachkenntnis voraussetzt. Die Möglichkeit einer Explosion ist ausge=

schlossen, da der Dampfdruck ½ Atmosphäre niemals überschreiten kann. Ein drei= bis vierstündiges Heizen genügt, um den ganzen Raum zu er= wärmen und zwar in gleichmäßiger, unsichtbarer und geräuschloser Weise. Der Kohlenverbrauch ist mit derselben Wirkung geringer als bei jedem anderen Heizsystem.

Die Anlagekosten für alle Zentralheizungen sind wegen der unter= irdischen Räume und der hohen Esse ziemlich hoch und bei Einbringung in schon bestehende Kirchen ist auch noch die Gefahr des Einsturzes vorhanden. All dies entfällt bei der Gasheizung; Gas ist allerdings hier und da ein sehr kostspieliges Brennmaterial und verdirbt die Luft, aber erstens bedarf man keiner Schornsteine, zweitens sind manche Arten der Gasöfen, z. B. die von Kutscher in Leipzig, so konstruiert, daß offene Flamme vermieden und Ableitung der Dünste vorgesehen ist, und drittens wirkt die Heizung schneller als jede andere. Freilich wird durch sie nicht, wie durch Zentral= heizung, der Fußboden erwärmt. Th. P.

§ 73.

Daß Glocken zu den notwendigen Geräten der Kirche ge= hören, wird wohl niemand mehr bestreiten. Sicher seit Mitte des 6. Jahrhunderts in der Christenheit in Gebrauch, wurden sie im 8. Jahrhundert in Deutschland eingeführt und schnell allge= mein angenommen. Hinsichtlich der Zahl und Größe der Glocken hüte man sich besonders vor einem Zuweitgehen, und bei Be= festigung der Glocken strebe man sorgfältig danach, daß sie be= quem gehandhabt werden können und ihre Bewegung der Festig= keit des Turmes keinen Eintrag thue.

Die ältesten uns bekannten Glocken waren klein, aus Blech getrieben und genietet, nicht geschmiedet, wie manche berichten. Jedoch schon um 800 unterschied man getriebene und gegossene, und bereits um 1050 werden Glocken von 50, 100 und mehr Zentnern Gewicht erwähnt. Diese, im 15. Jahrhundert bis zu 350 Zentnern gesteigerte Vermehrung des Gewichtes, hat den Baumeistern oft ungemeine Schwierigkeiten bereitet, zu deren Über= windung in den letzten Jahrzehnten viel Scharfsinn aufgeboten, ja man möchte sagen, verschwendet worden ist, indem einerseits falsche Ziele, anderer= seits falsche Mittel angewandt wurden.

Die einfacheren, nicht theoretisch gebildete Gewerke streben meist da= nach, die beim Läuten entstehenden Schwankungen des Glockenstuhls durch recht feste und innige Verbindung mit dem Mauerwerk zu hemmen. Das führt nur zu um so intensiverer Zerstörung des ganzen Mauerwerks. Die theoretisch Gebildeten, namentlich die Mechaniker, streben danach, die

Schwankung schon in ihrer Entstehung zu mindern. Dies führte zu sehr sinnreichen, oft ungemein teuren und schwer wiegenden, oft aber auch un= zuverlässigen, raschem Verderben ausgesetzten, ja selbst die Läutenden an ihrem Leben gefährdenden Aufhängungsvorrichtungen.

Manche streben auch wohl die Isolierung dadurch an, daß sie die Säulen und Streben des Glockenstuhls schon vom Parterre aus aufsteigen lassen. Das ist zwar sicher, aber verschwenderisch. Im späteren Mittel= alter strebte man nicht nur da, wo eine hölzerne Glockenstube auf einen steinernen Unterbau gesetzt ward, sondern selbst bei Konstruierung der Glockenstube aus Stein danach, dieselbe auf dem Unterbau beweglich auf= zulegen, wie das Schreiber dieses noch selbst, vor nunmehr fast 40 Jahren, zweimal mit gutem Erfolge gethan, unter Anlehnung an eine damals noch allgemein geltende Meinung, daß ein Glockenturm nur dann Dauer ver= spreche, wenn sein Oberteil beim ersten Läuten wackele.

Richtiger ist es, weil einfacher, zuverlässiger und wohlfeiler, die Auf= hängung so einfach wie möglich zu gestalten, der entstehenden Schwankung aber so viel wie möglich freie Bahn zu geben und ihre Überpflanzung auf das Mauerwerk des Turmes zu hindern, was am unfehlbarsten dadurch erreicht wird, daß man den Glockenstuhl selbst nicht nur ohne alle Ver= bindung mit der Konstruktion des Turmes läßt, ja ihn sogar nicht direkt auf die Balken, sondern auf Walzen, Rollen, Räder, am besten auf eiserne Kugeln in länglichen Pfannen stellt.

Diese Aufstellung ist ganz sicher und erspart sehr viel Geld. Die musi= kalische Seite der Glockenanordnung ist mit dem Glockengießer zu beraten, etwaige Inschriften hat der Geistliche festzustellen. Wichtig ist, daß beim Bau des Turmes bereits die Dimensionen der Glocken festgestellt werden, damit nicht, wie schon so oft, behufs der Einbringung der kaum vollendete Turm durch Aushacken der Gewände oder dergl. verletzt werden müsse, oder durch das zu große Gewicht der Glocken Schaden leide.*) O. M.

----

*) Es sei noch bemerkt, daß man an Stelle des sog. Glockengutes, einer Mischung aus Zinn und Kupfer, aus welcher bisher die Glocken ge= gossen wurden, es neuerdings mit Gußstahlglocken versucht hat, die an Preis bedeutend billiger sind und bis jetzt sich bewährt haben sollen (vg.. Christl. Kunstbl. 1870, Nr. 12). Über das Zusammenstimmen bemerkt Jähn (a. a. O. S. 281): „Um das gute Zusammenstimmen der Glocken zu erreichen, läßt man am zweckmäßigsten in den einzelnen Glocken die Töne in diatonischer Reihe, also c d e bezw. c d e f oder, bei geringeren Mitteln, in höheren Lagen sich folgen, statt in Dur- oder Molldreiklang (e e g oder d f a), da der Zusammenklang verschieden großer Glocken in einem Schlage während des Läutens doch nicht oder nur höchst selten auftritt, sondern die Töne mehr in melodischer Folge wechseln." Je höher der Wert eines schönen Geläutes ist, mit um so größerer Gewissenhaftigkeit ist bei der Fest= setzung desselben zu verfahren. Der Rat zuverlässiger Sachverständiger sollte hier auch da nicht überschlagen werden, wo der Geistliche auf sein eigenes Urteil sich verlassen zu können glaubt. V. S.

Fünfter Teil.

Restaurierung und Pflege der Kirchen.

§ 74.

Die Restaurierung einer Kirche kann durch den baufälligen Zustand oder durch den kirchlich und ästhetisch unwürdigen Bestand derselben gefordert werden. Jene Thatsache ist eine absolut zwingende, aber auch dieser soll geziemend Rechnung getragen werden. Die Restaurierung ist eine schwierige Kunst. Zwischen den beiden Extremen einseitigen Purismus und schonender Rücksicht auf die Geschichte und die geschichtlichen Denkmäler der Kirche hat sie die richtige Mitte zu finden. In vielen Fällen läßt sich, besonders in kleineren Kirchen, mit geringen Mitteln viel schaffen. Wo die Mittel verbieten, alles auf einmal zu leisten, möge man in richtiger Teilung allmählig vorwärts schreiten.

Wohl kaum irgend eine Begriffsbestimmung im Bereich der Baukunst hat sich solchen Misbrauch gefallen lassen müssen als das Wort Restaurierung, obschon gerade genug über das Wesen und die Aufgabe der Restaurierung gesprochen und geschrieben worden ist.

Wenn ein Dorfscharwerker die Kirche seines Dorfs ausweißt, äußerlich himmelblaue oder feuerrote Eckquadern anmalt, oder das Dach notdürftig repariert, so spricht der Kirchengemeindevorstand und auch wohl der Pfarrer mit Stolz von Restaurierung.

Wenn eine andere Kirche, die im Kern aus dem Mittelalter stammt und in der Zopfzeit umgebaut ward, durch Abhacken und Herausreißen noch der letzten Reste ihrer mittelalterlichen Architektur beraubt und „recht schön“ abgeputzt und angestrichen wird, so redet man von Restaurierung.

Wenn an einer dritten Kirche das Chorschlüßchen als einziger Rest des Mittelalters geschont, und das ganze Kirchenschiff nebst Turm, teils in romanischer Zeit, teils in der Barockzeit entstanden, weggerissen und gotisch neugebaut wird, so heißt das Restaurierung.

Die Strengen hingegen ereifern sich und sagen: Wenn eine Kirche restauriert werden soll, so forsche man nach ihrer Gründungszeit und unter= suche möglichst genau, was und wieviel vom ersten Bau noch erhalten ist. Alles Spätere ist zu beseitigen, resp. umzuformen, und der ursprüngliche Zustand thunlichst wieder herbeizuführen, mag er zu der jetzigen Bestim= mung, Gemeindegröße, Kirchenverfassung, Liturgie ꝛc. passen oder nicht. Ist vom ersten Bau auffällig wenig, mehr von spätern Umbauten erhalten, so soll sich die Stilwahl nach der ältesten dieser Umbauten richten. Alle späteren Zuthaten, z. B. Kanzel, Taufstein, Altar, Orgel, Epitaphien, die nicht zu dem auf diese Weise gewählten Stil passen, müssen hinaus, mögen sie an sich noch so schön sein. Dies könnte richtig sein in den wenigen Fällen, wo es sich darum handelt, eine vorwiegend als historisches Denkmal, z. B. als alte Krönungskirche, als Begräbniskirche eines Fürsten= hauses, als einstiger Schauplatz einer wichtigen kirchenhistorischen Begeben= heit zu betrachtende Kirche mit archäologischer Treue in den Zustand zurück= zuversetzen, den sie vordem an dem wichtigsten Tage ihrer Geschichte gehabt hat. Liegt aber die Aufgabe vor, eine in Benutzung stehende evangelische Kirche zu restaurieren, so muß immer in erster Linie diese ihre Bestimmung stehen und kann und darf die Restaurierung sich nicht auf solche Teile er= strecken, die sich mit dieser Bestimmung nicht vertragen.

Andererseits darf man eine Kirche, also ein Gebäude, welches als ältestes im Orte schon seit vielen Generationen der Zentralpunkt des geist= lichen Lebens gewesen, an welches manche Begebenheit der Gemeinde an= geknüpft oder doch Spuren zurückgelassen, nicht durch solche Reinigung so= wohl seiner eigenen Geschichte berauben, also außer Zusammenhang mit der Geschichte der Ortsgemeinde bringen. Das geschieht aber durch das Herausreißen von Stiftungen früherer Mitbürger, von Denkmälern ver= storbener Geistlichen oder anderer hervorragender Männer des Ortes.

Natürlich muß eine sorgfältige Untersuchung jeder Restaurierung vor= ausgehen und die Grundlage zu sorgfältigster und gewissenhafter Sichtung der zu beseitigenden und beizubehaltenden Teile bilden. Wenn irgendwo, so gilt hier die Mahnung: Prüfet alles und das beste behaltet. — Dieses „beste“ ist in verschiedenem Sinne aufzufassen.

Zunächst ist der bauliche Zustand zu untersuchen; nicht die ältesten Teile, nur weil es die ältesten sind, strebe man zu erhalten. Sind sie wirklich baufällig, so müssen sie beseitigt werden. Ist derjenige Teil, der als größter oder als in Bezug auf Bauaufwand oder Benutzung wichtigster unter den noch bauhaften Teilen zu betrachten ist, viel später entstanden, auch stilistisch anders wie die ältesten und baufälligen Teile, so sind diese nicht wieder in ihrer früheren Form herzustellen, sondern ist dieser größte Teil als maßgebend für die Stilwahl zu betrachten, es sei denn, daß die erwähnten ältesten Teile als ganz besonders schön oder als seltenes kunst=historisches Beispiel erhalten werden müssen, dabei auch die Benützung nicht hindern oder erschweren.

Zusammensetzung einer Kirche aus Teilen verschiedenen Stils ist an sich kein so schlimmes Ding, wenn nur die Stilverschiedenheit nicht so groß ist, daß sie den harmonischen Eindruck des Ganzen beeinträchtigt.

Daher kann man auch spätere Anbauten und Einbauten dann bei=behalten, wenn sie sich dem Haupteindruck nicht zu sehr widersetzen, ihn nicht direkt stören. Letzteres wird eintreten, wenn sie einem an sich un=kirchlichen Stile angehören, oder an sich häßlich sind. Z. B. wird ein Turm, aus der Barockzeit mit Zwiebeldächern leicht den Totaleindruck einer gotischen Kirche völlig vernichten können und daher umgestaltet werden müssen. Direkt häßliche, barocke und dabei zudringlich prunkhafte Epitaphien, Kanzeln, Altaraufsätze zc. werden leicht ähnliche Wirkung haben, besonders wenn sie an sehr in die Augen fallenden Stellen angebracht sind.

Manchmal wird hier schon Umänderung des allzu grellen, auffälligen Anstrichs, sonstige leichte Veränderung oder Plazierung an einer beschei=deneren Stelle genügen. Auch hier zaudere man daher mit der Beseitigung.

Wie viele der schönsten Arbeiten im Stil der deutschen Renaissance sind schon solcher Purifizierungssucht zum Opfer gefallen, um durch miß=lungene, nüchterne, pseudo-gotische Kanzeln und dergl. ersetzt zu werden. Die Leute, welche bis vor wenigen Jahren alle „katholischen" Altarschreine und andere „gotische Schnörkeleien" aus den von ihnen „renovierten" Kirchen hinauswarfen, haben mit ebenso gutem Gewissen und mit nicht mehr Unverstand hantiert, als die, welche jetzt alles Nichtgotische bei Wiederher=stellung der damals klassifizierten gotischen Kirchen beseitigen. Eine Kirche ist nicht für den Augenblick gebaut, sondern für lange Jahrhunderte, sie darf daher nicht der Mode, d. h. der augenblicklichen Geschmacksrichtung, und sei diese auch an sich die verständigste, dienen, sondern soll Raum bieten für die Bethätigung der Frömmigkeit auch der Nachkommen; man gönne daher auch der Bethätigung der Frömmigkeit der Vorfahren Raum, selbst wenn diese Bethätigung unserm Geschmack nicht völlig entspricht.

Nicht unser Zeitgeschmack, sondern eine durch Rücksicht auf Aufgabe, Charakter und Geschichte der Kirche in ihrer Bethätigung begrenzte, auf wirklich gutem, nicht parteiisch einer Richtung zugewendeten Geschmack basierte Kritik hat also zu sichten, was beibehalten, was beseitigt werden soll. Ja es muß sogar manches, was selbst so gemäßigter Kritik nicht genügt, beibehalten werden, sobald es ein Denkmal für die Geschichte des Ortes oder der Kirche selbst wirklich ist, und ist dann nur dafür zu sorgen, daß es den Totaleindruck und die Bestimmung der Kirche nicht stört.

Hingegen wird auch manches wirklich Schöne der Rücksicht auf die Bestimmung als evangelische Kirche weichen müssen, braucht aber deshalb ebenfalls nicht immer direkt verwüstet oder hinausgeworfen zu werden, sondern kann einen schicklichen Platz an nicht zu auffälliger Stelle finden.

Die Übung dieser Kritik, die Entschließung über die vorzunehmenden Veränderungen, Beseitigungen und Ergänzungen erfordert freilich eine noch viel weiter gehende Kenntnis als das Entwerfen einer neuen Kirche, und es ist daher ganz besonders nötig, bei beabsichtigter Restaurierung ungemein vorsichtig in der Wahl des Architekten zu sein und ja nicht eigenmächtig oder unter Beirat nur halbgebildeter Bauverständiger vorzugehen.

Eine Kirche, welche 1112 gegründet, 1273, 1328, 1383, 1420, 1453, 1476, 1479, 1506 bis 1529 und sonst Umbauten, Vergrößerungen und andere Veränderungen erfuhr, durchweg im Stil von 1273 restaurieren, würde ein eben solcher Vandalismus sein, als wenn man die wenigen Teile von 1112 zu 1273, 1328 und 1383, welche erhalten sind, in dem Stil, der von 1420 bis 1529 galt, umgestalten wollte. Die Formendifferenz zwischen den Teilen von 1383 und 1529 ist nicht so bedeutend, daß sie die Einheitlichkeit störe, und die wenigen Teile von 1112, 1273 und 1328 verwirren wenigstens den Gesamteindruck nicht, dokumentieren aber die Geschichte der Kirche so klar, wie das keine Geschichtstafel könnte. Die dabei vorkommenden feinen Nuancen könnte freilich ein Architekt gewöhnlicher Ausbildung, auch wenn er im romanischen und gotischen Stil an sich sattelfest ist, nicht zum treuen, und doch den Gesamteindruck schonenden Ausdruck bringen. — Dem als Kunsthistoriker bewährten Restaurator wird die Sache ziemlich leicht werden.

Aus diesem Beispiel schon wird erhellen, daß es eben so schwer ist, allgemeine Regeln als Leitfaden für Restaurierung zu geben, als es dem wirklich Sachkundigen leicht sein wird, das Richtige zu finden, daß es daher hier lediglich auf die Wahl der Person ankommt. Der Betreffende wird aber auch meist ein tüchtiger Konstrukteur sein müssen. Bedeutende Kunsthistoriker haben arges Unglück bei Restaurierungen gehabt, wenn ihnen diese Eigenschaft fehlte, indem sie störende Teile herausrissen, welche zur Erhaltung des übrigen unbedingt nötig waren, oder andere Teile erhalten zu müssen glaubten, die nicht mehr die genügende Widerstandsfähigkeit besaßen.

Ferner wird der Betreffende aufs sorgfältigste Rücksicht auf die Finanzen der betreffenden Gemeinde zu nehmen haben, denn Restaurierungsarbeiten lassen sich viel schwieriger zuverlässig veranschlagen als Neubauten. Eingerissen ist bald; man soll es aber nicht eher thun, bis man genau weiß, daß auch die Mittel zum Wiederbau zu Gebote stehen.

Über die Technik der Restaurierung lassen sich kaum Andeutungen geben.

Die Wiederherstellung alter Holzschnitzereien, alter Ölbilder, alter Stein-
bilder, baufälliger Gewölbteile, gespaltener Türme u. s. w. erfordert eine
so umfassende Erfahrung in den Gesetzen der Statik, in der Technik, der
Plastik und Malerei, eine so vielseitige Herrschaft über allerlei Handgriffe
und Kunststückchen, daß es schon gewagt wäre, eine Besprechung derselben
auch nur anzufangen. Vorsichtig wählen und dann vertrauensvoll schalten
lassen, das ist der einzige Rat, den wir hier zu geben vermögen.

§ 75.

Wie die Restaurierung, so ist nicht minder die Pflege des
Kirchengebäudes eine durch die Würde des Gotteshauses geforderte Pflicht. Die Versäumnis derselben wiegt um so
schwerer, da hier keinerlei Schwierigkeiten zu überwinden und
keine besonderen Fertigkeiten zu erlernen sind; es wird nicht
mehr gefordert als Ordnungsliebe und Achtsamkeit, und die ist
ein Pfarrherr seiner Kirche schuldig.

Die Pflege des Kirchengebäudes ist ein sehr wichtiges Kapitel. Ein
Vergleich zwischen der römischen und der evangelischen Kirche nach dieser
Seite hin fällt sehr zu Ungunsten der letzteren aus. Oft bin ich wahrhaft
erschrocken, wenn ich in eine vor etwa 10 Jahren neu gebaute oder gründ-
lich restaurierte Kirche kam. Flecken an den Wänden, abgestoßene Ecken
und Kanten, schmutzige Fenster, bestaubte Simse, modrige Luft, Schwamm
und Fäulnis in den Bänken sind gewöhnliche Erscheinungen. Der zum
Schutze des Altarbildes angebrachte Vorhang wird nicht benutzt, die Fenster
und Thüren werden nicht gelüftet, der Taufsteindeckel wird von einer zu
schwachen Person abgehoben und auf den Fußboden gestoßen, die Reinigung
geschieht mit dem Besen unter Aufwirbelung mächtigen Staubes. Der
Kehricht wird zum Teil in die Heizkanäle hineingefegt und erglüht dort an
den heißen Röhren, die Luft in der Kirche verderbend, und dazu noch manche
andere Unzuträglichkeit!

Es sollte jede Kirche tagtäglich einige Stunden geöffnet sein und all-
wöchentlich gereinigt werden, statt allmonatlich, wie das jetzt ziemlich Regel
ist. Die Reinigung des Fußbodens darf nicht, wie leider allgemein üblich,
mit dem Besen, sondern nur mit feuchten Lappen geschehen. Reinigung durch
Besen ist keine Reinigung, sondern geradezu Verunreinigung. — Wie sieht's
in der Sakristei und in den Sakristeischränken aus? Wie werden die Altar-
bekleidungen aufbewahrt? Wie und womit werden die Gefäße geputzt?
Oft genug habe ich gesehen, daß silberne, zum Teil vergoldete Kelche mit

9*

Kreide geputzt wurden. Mit fünf= bis sechsmal Putzen ist der Kelch ruiniert, durch zehnmal Putzen ist das Gold herunter. Da ist niemand, der dem Küster Anweisung giebt, niemand, der ihn kontroliert, niemand, der ihm hilft. Denn in den meisten Fällen versteht auch der Pfarrherr nichts da=von oder hat keinen Sinn für dergleichen Dinge. Wir denken, hier sei die Mithilfe der Pfarrfrau wohl angebracht.
O. M.

Anhang.

I.
Bestimmungen der Dresdener Konferenz vom Jahre 1856.

1) Die alte Sitte, daß die Kirchen sich von Westen gegen Osten strecken und das Altarende gegen Osten haben, darf bei Anlegung neuer Kirchen nicht übersehen werden, damit die alte Sitte nicht gestört werde, wonach der Geistliche und die Gemeinde sich beim Altargebet gegen Osten wenden und wonach die Gemeinde Gottes Wort und Segen, wenn der Geistliche ihr solches, vom Altar aus zu ihr gewendet, gibt, von Osten her empfängt.

2) Der Haupteingang in die Kirche ist durch den Turm zu nehmen, dessen korrekteste Gestalt die nadelförmige ist und der an das Westende der Kirche gehört.

3) Der Raum, auf welchem der Altar liegt (der Chor der Kirche), muß über dem Schiffe, dem Raume für die Gemeinde, um etwas erhöht sein, damit der Geistliche in seinen Verrichtungen am Altare vom Schiffe aus gesehen und gehört werden kann, und muß so geräumig sein, daß er bei Kommunionen, Konfirmationen, Kopulationen den nötigen Raum ohne störende Beengung darbietet.

4) Der Altar selbst muß wieder um ein weniges höher als der Chor liegen, so daß der Geistliche um etwas höher steht als die vor den Altar tretenden Kopulanten, Kommunikanten 2c. Doch darf die Einrichtung nicht so sein, daß der Geistliche erst Stufen herabsteigen muß, um z. B. den Kommunikanten das Abendmahl zu reichen.

5) Nicht der Chor, aber der Altar, und zwar der Raum vor demselben, in welchem der Geistliche steht, muß Schranken haben, an welche die Kommunikanten 2c. treten. Diese Schranken, welche nicht schwerfällig aussehen dürfen, müssen nach der Außenseite zu mit der nötigen Vorrichtung

versehen sein, daß die zu demselben tretenden Kommunikanten ꝛc. knieen können.

6) Auf den Altar gehören Decke, Pult, Lichter, Bibel, Agenda und die Abendmahlsgefäße. Man hat dafür zu sorgen, daß jede Kirche die letztern vollständig (Oblatendose, Patene, Kelch und Weinkanne) und in würdiger Form habe.

7) Die östliche Seite des Altars ist mit einem Kreuz oder einem Kruzifix oder einem Altargemälde zu zieren. Aber zum Gegenstand des letzteren eignet sich nicht jeder Moment der heiligen Geschichte; es sollte stets nur eine der großen Hauptthatsachen des Heils darstellen.

8) Der Altar muß frei liegen, so daß man um denselben herumgehen kann.

9) Die Kirche bedarf einer Sakristei, nicht als Einbau, sondern als Anbau neben dem Chor, geräumig, hell, trocken, heizbar, von angemessener Anlage und Ausstattung.

10) Beichtstühle sind zur Seite des Altars im Chor anzulegen. Für die Gemeinde bestimmtes Gestühl sollte im Chor nicht angebracht sein.

11) Emporen, wo sie unvermeidlich sind, müssen so angebracht werden, daß sie den freien Überblick der Kirche nicht stören; auf keinen Fall dürfen sie sich in den Chor hineinziehen.

12) Völlig falsch ist es und geradezu widersinnig, die Kanzel über den Altar anzubringen: sie gehört an eine Seite der Kirche, und zwar der Regel nach an diejenige Stelle, wo Chor und Schiff zusammenstoßen.

13) Die Sitze der Gemeinde im Schiffe sind möglichst so anzubringen, daß die dort Sitzenden den Blick nach dem Altar und der Kanzel gerichtet und frei haben. Wenn die Kanzel richtig angebracht ist, wird dies wenigstens in allen nicht zu großen Kirchen zu erreichen sein.

14) Die Sitze der Gemeinde sind so einzurichten, daß die Fußschemel zugleich als Knieschemel gebraucht werden können.

15) Der Zugang vom Schiff nach dem Chore muß offen und geräumig, nicht durch Sitze versperrt sein.

16) Die Orgel, auf welcher der Vorsänger mit dem Chor seinen Platz haben muß, hat ihren natürlichen Ort dem Altar gegenüber am Westende der Kirche.

17) In jeder Kirche muß ein Taufapparat und nicht etwa bloß ein portativer, sondern ein Taufstein sein. Seine Stelle findet derselbe am richtigsten am westlichen Haupteingange der Kirche in einer Vorhalle. Steht dies nicht zu erreichen, so ist die richtigste Stelle für denselben da, wo man aus dem Schiff in den Chor tritt, vor dem Altar.

18) Glocken sind ein notwendiges Requisit unserer Kirchen.

19) Aller Verwendung der Kirchen und ihrer Glocken zu anderem als gottesdienstlichem Gebrauche sollte man wehren, soweit nicht die Not anders gebietet.

20) Die Forderung architektonischer Würde des Kirchengebäudes wird einerseits nur durch einen oblongen oder ins lateinische Kreuz gestellten Grundriß, nicht aber durch die Formen der Rotunde und des Vieleckes, andererseits nur in unvermischter Durchführung eines und desselben historischen Baustils an der einzelnen Kirche, sei es Neu- oder Umbau oder bloße Erneuerung des Alten, befriedigt. Bei Kirchen größerer Stadtgemeinden ist die christliche Symbolik, besonders der Dreizahl, in Anwendung zu bringen, überall aber darauf hinzuwirken, daß nicht nur die Ornamentik des Bauwerks, sondern auch die kirchlichen Geräte, Gefäße u. dergl. dem Charakter des gewählten Baustils entsprechen.

II.

Die Thesen der Eisenacher Konferenz vom Jahre 1861.*)

1) Jede Kirche soll nach alter Sitte orientiert d. h. so angelegt werden, daß ihr Altarraum gegen den Sonnenaufgang liegt.

2) Die dem evangelischen Gottesdienste angemessenste Grundform der Kirche ist ein längliches Viereck. Die äußere Höhe, mit Einschluß des Hauptgesimses, hat bei einschiffigen Kirchen annähernd $\frac{3}{4}$ der Breite zu betragen, während es umsomehr den auf das akustische Bedürfnis zu nehmenden Rücksichten entspricht, je weniger die Länge das Maß seiner Breite überschreitet.

Eine Auslabung im Osten für den Altarraum (Apsis, Tribüne, Chor) und in dem östlichen Teile der Langseiten für einen nördlichen und südlichen Querarm gibt dem Gebäude die bedeutsame Anlage der Kreuzesgestalt. Von Zentralbauten ohne Kreuzarm-Ansätze ist das Achteck akustisch zulässig, die Rotunde als nicht akustisch zu verwerfen.

3) Die Würde des christlichen Kirchenbaues fordert Anschluß an einen der geschichtlich entwickelten christlichen Baustile und empfiehlt in der Grundform des länglichen Viereckes neben der altchristlichen Basilika und der sog. romanischen (vorgotischen) Bauart vorzugsweise den sog. germanischen (gotischen) Stil.

Die Wahl des Bausystems für den einzelnen Fall sollte aber nicht sowohl dem individuellen Kunstgeschmack der Bauenden, als dem vorwiegen-

---

*) Unsere Ausführungen stimmen im großen und ganzen mit diesen Thesen überein, ergeben aber auch wesentliche Differenzen, wie ein Vergleich im Einzelnen zeigt.

den Charakter der jeweiligen Bauweise der Landesgegend folgen. Auch sollten vorhandene brauchbare Reste älterer Kirchengebäude sorgfältig erhalten und maßgebend benutzt werden. — Ebenso müssen die einzelnen Bestandteile des Bauwerkes in seiner inneren Einrichtung von dem Altar und seinen Gefäßen bis herab zum Gestühl und Geräte, namentlich auch die Orgel, dem Stile der Kirche entsprechen.

4) Der Kirchenbau verlangt dauerhaftes Material und solide Herstellung, ohne täuschenden Bewurf und Anstrich. Wenn für den Innenbau die Holzkonstruktion gewählt wird, welche der Akustik besonders in der Überdachung günstig ist, so darf sie nicht den Schein eines Steinbaues annehmen. Der Altarraum ist jedenfalls massiv einzuwölben.

5) Der Haupteingang zur Kirche steht am angemessensten in der Mitte der westlichen Schmalseite, so daß von ihm bis nach dem Altar sich die Längenachse der Kirche erstreckt.

6) Ein Turm sollte nirgends fehlen, wo die Mittel irgend ausreichen, und wo es daran dermalen fehlt, sollte Fürsorge getroffen werden, daß er später zur Ausführung komme. Zu wünschen ist, daß derselbe in einer organischen Verbindung mit der Kirche stehe, und zwar der Regel nach über dem westlichen Haupteingange zu ihr. Zwei Türme stehen schicklich entweder zu den Seiten des Chores oder sie schließen die Westfront der Kirche ein.

7) Der Altarraum (Chor) ist um mehrere Stufen über den Boden des Kirchenschiffes zu erhöhen. Er ist groß genug, wenn er allseitig um den Altar den für die gottesdienstlichen Handlungen erforderlichen Raum gewährt. Anderes Gestühl als etwa für den Geistlichen und Gemeindevorstand, und wo der Gebrauch es mit sich bringt, der Beichtstuhl, gehört nicht dahin. Auch dürfen keine Schranken den Altarraum von dem Kirchenschiffe trennen.*)

8) Der Altar mag je nach liturgischem und akustischem Bedürfnis mehr nach vorn oder rückwärts zwischen Chorbogen und Hinterwand stehen, darf aber nie unmittelbar (ohne Zwischendurchgang) vor der Hinterwand des Chores aufgestellt werden. Eine Stufe höher als der Chorboden, muß er Schranken, auch eine Vorrichtung zum Knieen für die Konfirmanden, Kopulanten, Kommunikanten rc. haben. Den Altar hat als solchen, soweit nicht konfessionelle Gründe entgegenstehen, ein Krnzifix zu bezeichnen, und wenn über dem Altartische ein architektonischer Aufsatz sich erhebt, so hat das damit verbundene Bildwerk, Relief oder Gemälde stets nur eine der Hauptthatsachen des Heils darzustellen.

9) Der Taufstein kann in der innerhalb der Umfassungswände befindlichen Vorhalle des Hauptportals oder in einer daran stoßenden Kapelle neben dem Chor stehen. Da, wo die Taufen vor versammelter Gemeinde

---

*) Vergl. dagegen S. 80.

vollzogen werden, ist seine geeignetste Stellung vor dem Auftritt in den Altarraum. Er darf nicht ersetzt werden durch einen tragbaren Tisch.

10) Die Kanzel darf weder vor, noch hinter, noch über dem Altar, noch überhaupt im Chore stehen. Ihre richtige Stellung ist da, wo Chor und Schiff zusammenstoßen, an einem Pfeiler des Chorbogens nach außen (dem Schiffe zu); in mehrschiffigen großen Kirchen an einem der östlicheren Pfeiler des Mittelschiffes. Die Höhe der Kanzel hängt wesentlich von derjenigen der Emporen ab und ist überhaupt möglichst gering anzunehmen, um den Prediger auf und unter den Emporen sichtbar zu machen.

11) Die Orgel, bei welcher auch der Vorsänger mit dem Sängerchor seinen Platz haben muß, findet ihren natürlichen Ort dem Altar gegenüber am Westend der Kirche auf einer Empore über dem Haupteingange, dessen perspektivischer Anblick auf Schiff und Chor jedoch nicht durch das Emporengebälk beeinträchtigt werden darf.

12) Wo Beicht- oder Lehrstuhl (Lesepult) sich findet, da gehört jener in den Chor, dieser entweder vor den Altar auf eine der Stufen, die aus dem Schiffe zum Chor emporführen, doch so, daß der Blick der Gemeinde nach dem Altar nicht verhindert werde, oder an einen Pfeiler des Chorbogens, um für den Zweck der Katechese, Bibelstunde 2c. vor den Altar hingerückt zu werden.

13) Emporen, außer der westlichen, müssen, wo sie unvermeidlich sind, an den beiden Langseiten der Kirche so angebracht werden, daß sie den freien Überblick der Kirche nicht stören. Auf keinen Fall dürfen sie sich in den Chor hineinziehen. Die Breite dieser Emporen, deren Bänke aufsteigend hintereinander anzulegen sind, darf, soweit nicht Ausladung von Kreuzarmen eine größere Breite zuläßt, $\frac{1}{5}$ der ganzen Breite der Kirche, ihre Erhebung über den Fußboden der Kirche $\frac{1}{3}$ der Höhe derselben im Lichten nicht überschreiten. — Von mehreren Emporen übereinander sollte ohnehin nicht die Rede sein. Bei der Anlage eines Neubaues, worin Emporen vorgesehen werden müssen, ist es sachgemäß, statt langer Fenster, welche durch die Empore unterbrochen würden, über der Empore höhere Fenster, die zur Erhellung der Kirche dienen, unter der Empore niedrigere Fenster zur Erhellung des nächsten von der Empore beschatteten Raumes anzubringen.

14) Die Sitze der Gemeinde (Kirchenstühle) sind möglichst so zu beschaffen, daß von ihnen aus Altar und Kanzel zugleich während des ganzen Gottesdienstes gesehen werden können. — Vor den Stufen des Chors ist angemessener Raum freizulassen. Auch ist je nach dem gottesdienstlichen Bedürfnis ein breiter Gang mitten durch das Gestühl des Schiffes nach dem Haupteingange zu, oder, wo kein solches Bedürfnis vorliegt, sind zwei Gänge von angemessener Breite an den Pfeilern des Mittelschiffes oder an den Trägern der Emporen hin anzulegen. Die Basen der Pfeiler sollten nicht durch Gestühl eingefaßt werden.

15) Die Kirche bedarf einer Sakristei, nicht als Einbau, sondern als Anbau, neben dem Chor, geräumig, hell, trocken, heizbar, von kirchenwürdiger Anlage und Ausstattung.

16) Vorstehende Grundsätze für den evangelischen Kirchenbau sind von den kirchlichen Behörden auf jeder Stufe geltend zu machen, den Bauherren rechtzeitig zur Kenntnis zu bringen und der kirchenregimentlichen Prüfung bezw. Berichtigung, welcher sämtliche Baurisse unterstellt werden müssen, zu Grunde zu legen.